Südtirol schmecken

FOLIO
SÜDTIROL
ERLEBEN

Marlene Lobis

Südtirol schmecken

45 kulinarische Geschichten

Idee und Konzept
Hermann Gummerer

Folio Verlag Bozen – Wien

Gedruckt mit freundlicher Unterstützung der Abteilung Deutsche Kultur der Autonomen Provinz Bozen – Südtirol

AUTONOME PROVINZ BOZEN SÜDTIROL
PROVINCIA AUTONOMA DI BOLZANO ALTO ADIGE
Deutsche Kultur

Ein besonderer Dank der Autorin und des Verlags geht für deren kundige Einkehrtipps an den profunden Südtirol-Kenner **Oswald Stimpfl** sowie an den rührigen Buchhändler und Genießer **Dietmar Seyr** vom Bücherwurm in Brixen-Milland, weiter danken wir herzlich **Florian Patauner** vom Restaurant Patauner in Siebeneich für wichtige Hinweise sowie ganz besonders dem Sternekoch **Herbert Hintner** vom Restaurant zur Rose in Eppan, der uns fachlich begleitet und beraten hat.

Hinweise

Alle Angaben erfolgen nach bestem Wissen und Gewissen. Sämtliche Informationen wurden gewissenhaft recherchiert, trotzdem kann sich das Angebot der einzelnen Gastbetriebe ändern. Außerdem werden manche der erwähnten Spezialitäten – von der Gerstsuppe über das Schöpserne bis zu den *Keschtn* – nur saisonal oder am Wochenende angeboten. Daher empfehlen wir Ihnen, sich gegebenenfalls vorher zusätzlich telefonisch zu informieren.

Die Auswahl der Buschenschänken und Gasthöfe in diesem Führer wurde unabhängig getroffen und war nicht an einen finanziellen Beitrag der erwähnten Betriebe gebunden.

Ihr Lieblingslokal ist nicht dabei? Sie haben sich schon quer durch Südtirol gekostet und kennen weitere besondere Einkehrtipps? Oder Ihnen fällt eine Südtiroler Spezialität ein, die noch nicht im Buch ist? Senden Sie Ihre Tipps und Vorschläge (für die nächste Auflage) gerne an office.bz@folioverlag.com. Wir freuen uns!

Redaktion: Hermann Gummerer
Korrektur: Joe Rabl, Innsbruck
Grafik und Umbruch: no.parking, Vicenza
Druckvorstufe: Typoplus, Frangart
Printed in Italy
ISBN 978-3-85256-763-1
www.folioverlag.com

Inhalt

***

Vorwort

***

Man nehme … ein bergiges, reichlich von Sonne verwöhntes Land, lasse allerlei Völker mit ihren Essgewohnheiten durch seine Täler und über seine Pässe ziehen, gebe die an steilen Berghängen mühevoll angebauten bzw. dort gehaltenen Zutaten hinzu, schöpfe aus dem reichen Angebot an knackigem Obst und Gemüse seiner fruchtbaren Täler an Etsch und Eisack, füge einen gehörigen Schuss mediterraner Leichtigkeit hinzu und flankiere das Ganze mit einem guten Glas Wein.

Kulinarisch gesehen kocht Südtirol sein eigenes Süppchen: Auf den Tellern des Landes verschmelzen Einflüsse aus Nord und Süd zu einer einzigartigen alpin-mediterranen Mischung. Das Essen in der Handelsstadt Bozen war schon im Mittelalter reichhaltiger und internationaler als in den umliegenden Tälern und Anhöhen, insbesondere auf den Bergbauernhöfen blieb die Kostordnung über Jahrhunderte hinweg unverändert, ja wurde geradezu beharrlich so eingefordert. In manchen Gerichten haben sich die lokalen Eigenheiten erhalten: So abwechslungsreich die Landschaft Südtirols ist, so vielfältig sind auch die Rezepte. Bis heute sind deshalb manche Spezialitäten nur in bestimmten Landesteilen, zu festgelegten Anlässen oder Jahreszeiten zu finden. Während einige der einstigen „Arme-Leute-Speisen“ mittlerweile wieder, allerdings verfeinert, in der gehobenen Küche auftauchen, kocht man heute selbst auf Bauernhöfen nach manch internationalem Rezept. Dieses Buch führt Sie mit Geschichten und Kuriositäten durch das Jahr und die kulinarische Landschaft Südtirols zu typischen Spezialitäten.

Marlene Lobis

Äpfel

***

Apfelbäume gedeihen in Südtirol seit der Antike. Lange fristeten sie allerdings ein Mauerblümchendasein: Im Mittelalter wuchsen sie nur in Klostergärten, über Jahrhunderte versorgte der bäuerliche Baumgarten lediglich die Hofbewohner. Ab dem 17. Jahrhundert wurden Äpfel aus der Region als begehrtes Luxusgut an die Kaiserhöfe in Österreich und Russland verfrachtet. Der Ruf Südtirols als Obstgarten Europas reifte aber erst nach der Etsch-Regulierung Ende des 19. Jahrhunderts. Die dabei gewonnenen fruchtbaren Flächen eigneten sich in Kombination mit warmen Tagen und kühlen Nächten perfekt für den Apfel. Mittlerweile ist das Etschtal das größte zusammenhängende Apfelanbaugebiet des Kontinents und der Apfelanbau die Existenzgrundlage für über 7.000 Familienbetriebe. Von Salurn bis hinauf in den Vinschgau und rund um Brixen werden auf 18.400 Hektar jährlich eine Million Tonnen Äpfel geerntet. Etwa jeder zehnte bis zwölfte Apfel Europas stammt aus Südtirol, fünf Prozent davon aus biologischem Anbau. Die klassischen Südtiroler Sorten sind Golden Delicious, Gala, Red Delicious, Granny Smith, Braeburn, Fuji; erfolgreiche Clubsorten sind Pink Lady, Jazz und Kanzi. Das jüngste Sortenkind ist die japanische Sorte Yello, die europaweit aktuell nur in Südtirol angebaut werden darf.

Kaufen: z. B. in Obstgenossenschaften (mancherorts Führungen). Alte Apfelsorten finden Sie auf Bauernmärkten, im Vinschger Bauernladen, *www.bauernladen.it*, in Naturns 13 oder beim Sortengarten Südtirol, *www.sortengarten-suedtirol.it*. Apfelsaft: Genussladen Kohl, *www.kohl.bz.it*, in Unterinn 41 | Kandlwaalhof, *www.luggin.net*, in Laas 6 | Weissenhof, *www.weissenhof.com*, in Vilpian 30
Infos und Adressen: www.suedtirolerapfel.com. Das Gütesiegel „Südtiroler Apfel g.g.A." garantiert die Herkunft.
Erleben: Obstbaumuseum, *www.obstbaumuseum.it*, in Lana 25

Apfelkiechl

***

In Tropfteig getauchte und in heißem Fett gebackene Fruchtscheiben sind eine uralte Form des Schmalzgebäcks. Kein Wunder, dass aus der Frucht der biblischen Verführung im Apfelland Südtirol verführerische Speisen wie die *Epflkiechl* gezaubert werden. Am besten schmecken diese mit frischen Äpfeln, früher wurde auch gedörrtes Obst verwendet. Äpfel, Birnen oder Zwetschgen wurden aufgeschnitten und durch Trocknen haltbar gemacht. Während insbesondere im Etschtal und in sonnigen Lagen das Obst im eigenen Hausgarten wuchs, mussten die Bewohner der raueren Täler, etwa im Pustertal, die Äpfel teuer von den *Landler*-Bauern kaufen. Wie begehrt *Kiechl* waren, zeigt der Spruch: *Man tuet net olle Tog küechln* (Man macht nicht alle Tage *Kiechl*), womit ausgedrückt wurde, dass die Dinge nicht immer so laufen, wie man es gerne hätte. Erfinderische Köchinnen auf höher gelegenen Höfen ummantelten auch Brotreste, Holunderblüten oder Käse mit Teig; oft dienten *Kiechl* als Hauptmahlzeit. Zu besonderen Anlässen mussten es aber *Epflkiechl* sein; manchmal sogar als Ersatz für die Hochzeitstorte! Die *Kiechl* mit Apfel, dem Symbol der Fruchtbarkeit und Gesundheit, galten als Glücksbringer für die Braut.

Genießen: Auf Kirchtagen, Wiesenfesten und in bäuerlichen Schankbetrieben, z. B. Oberfinser und Pedratscher im Lajener Ried (60)
Selbermachen: siehe S. 98

Apfelstrudel

***

Der Strudel gelangte in Zeiten der Donaumonarchie nach Südtirol – allerdings wurde der hauchdünn ausgezogene, für den Wiener Strudel charakteristische Teig schon vor 500 Jahren im Osmanischen Reich gebacken. Im 17. Jahrhundert drang er sowohl über Ungarn als auch über die lange maurisch geprägte Iberische Halbinsel nach Wien vor. Hier wurde er mit Milchrahm, Gries, Fleisch, Reis, Topfen oder Äpfeln gefüllt und auch in den Wiener Kaffeehäusern serviert. Der Tiroler Strudel sticht schon früh aus der k. u. k. Strudelherrlichkeit heraus: Aufgrund der Nähe zum Süden wurden Datteln, Feigen, Nüsse, Kletzen und Sultaninen der Füllung beigemischt. Heute wird Südtiroler Apfelstrudel flexibel mit Zieh-, Blätter- oder Mürbteig angeboten. Zu *pignoli* – italienisch Menschen, die es besonders genau nehmen – werden Südtiroler bei der Füllung: Die → Äpfel müssen aus Südtirol stammen, und keinesfalls fehlen sollten … *Pignoli*. Die italienische Bezeichnung für Pinienkerne hat sich hierzulande so selbstverständlich in den Sprachgebrauch eingefügt, dass sie so selbst in deutschsprachigen Kochbüchern steht. Besonders zugetan sind dem Apfelstrudel die italienischen Gäste, folgerichtig wird er auf den von ihnen ebenfalls heißgeliebten Christkindlmärkten offensiv angeboten.

Genießen: Landauf, landab in traditionellen Gasthäusern, Buschenschänken, Almhütten, Cafés: z. B. Gasthof Waldbichl, *www.waldbichl.com*, in Vöran 29 | Gasthof Tschaufen, *www.tschaufen.it*, in Mölten 34 | Berggasthof Schönblick, *www.berggasthaus-schoenblick.it*, in Völser Aicha 55 | Jausenstation Moar, *www.jausenstationmoar.it*, in Villnöß 66 | Hotel Restaurant Lilie, *www.hotellilie.it*, in Sterzing 77 | Hotel Sonklarhof, *www.sonklarhof.com*, in Ridnaun 78
Kaufen: Café Peter, *www.cafe-peter.com*, in Bozen 43 | Café Pupp, *www.pupp.it*, Strudelhaus sowie im Oktober Brot- und Strudelmarkt in Brixen 69 | auf Christkindlmärkten
Selbermachen: siehe S. 99

Bauerngröstl

***

Dieses Pfannengericht gehört zu den Klassikern in Südtirols Traditionsgasthäusern. Es verdankt seinen Ursprung der Resteverwertung – denn frisches Fleisch gab es früher nur an besonderen Festtagen des Jahres: Weihnachten, Neujahr, Dreikönig, zur Fasnacht und zu Feierlichkeiten wie einer Hochzeit, Primiz oder Taufe. Was vom Feiertagsbraten übrig blieb – zur Schlachtzeit auch Innereien und Blutwurst –, wurde fein geschnitten, mit reichlich Zwiebeln und Kartoffeln trocken geröstet oder als „feuchtes" Gröstl mit etwas Fleischbrühe oder Bratensoße saftig gemacht. Die restliche Zeit zählte das *Bauerngreaschtl* zu den Speisen, die man im Gasthaus bestellte; zu Ostern oder gar im Sommer zu schlachten konnte sich höchstens der Pfarrer leisten. Auf den Höfen wurde zwischen Kathrein (25. November) und Lichtmess (2. Februar) geschlachtet, mindestens ein Schwein und mancherorts ein Rind. Mit dem daraus produzierten Geselchten (Geräucherten) wie → Speck und Würsten würde höchst sparsam umgegangen, man musste schließlich das ganze Jahr damit auskommen. Das „grüne", also frische, Fleisch blieb den „Herren" vorbehalten: Das Bozner Herrengröstl etwa wird mit Kalbfleisch zubereitet.

Genießen: In traditionellen Südtiroler Gasthäusern: z. B. Restaurant Patauner, *www.restaurant-patauner.net*, in Siebeneich 33 | Restaurant Weißes Rössl, *www.weissesroessl.org*, in Bozen 43 | Wirt an der Mahr, *www.wirtandermahr.com*, in Brixen 69

Selbermachen: siehe S. 99

Cajincí arestis

***

Nicht lateinisch, sondern ladinisch: In Gröden und im Gadertal hat sich eine rund 2.000 Jahre alte Sprache in zwei Varietäten (grödnerisch/gadertalisch) erhalten. Knapp vier Prozent der Südtiroler sprechen Ladinisch, neben Deutsch und Italienisch eine der offiziellen Landessprachen. Fernab von Durchzugsstraßen überdauerte in diesen Dolomitentälern nicht nur eine eigene Kultur, auch in der Küche wurde vorwiegend mit dem gearbeitet, was die kargen Böden der Berghänge und die Erzeugnisse aus der Viehzucht hergaben. Unter größter Schinderei wurde Widerstandsfähiges wie Gerste, Hafer, Roggen und Weizen sowie Kartoffeln, Rüben und Saubohnen angebaut. Im Bauerngarten gediehen Spinat, Mangold, Mohn, Weißkohl und Karotten. Mit den wenigen vorhandenen Ingredienzien wurden ähnliche Gerichte gekocht wie in den umliegenden Tälern: *bales* (→ Knödel), *crafuncins* bzw. *cajincí t'ega* (→ Schlutzkrapfen), *panicia* (→ Gerstsuppe) und *jufa* bzw. *jüfa* (→ *Muas*), vor allem aber reichlich in Schmalz Gebackenes wie *tirtles* bzw. *tutres* (→ Tirtlan), *canifli*, *crafons* bzw. *crafuns* (→ Krapfen) und *fanedes* bzw. *furtaies* (→ Strauben). Im Rezept der *cajincí arestis*, Teigtaschen mit Mohn-Füllung, vereinen sich die Eigenheiten der ladinischen Küche in *Alta Badia*: die ausgiebige Verwendung von Mohn und dass diese mit Hefe gemachten Teigtaschen nicht gekocht, sondern in Fett gebacken werden.

Genießen: Restaurant Tló Plazores, *www.plazores.com*, in St. Vigil in Enneberg 91 | Hofschank Lüch de Survisc, *www.survischhof.bz*, in Wengen/La Val 92 | Gasthaus Maso Runch, *www.masorunch.it*, in Badia 93. Auf Vorbestellung ladinisches Abendessen auf dem Bauernhof Sotciastel, *www.sotciastel.it*, in Badia 93; Kochkurse zur ladinischen Küche gibt es auf dem Hof Alfarëi in Badia 93 (Infos unter: *info@altabadia.org*).
Selbermachen: siehe S. 100

Erdäpfelblattln mit Kraut

***

Die Knolle aus Amerika wurde schon 1709 im Kloster Sonnenburg angebaut, die Südtiroler Bauern verspotteten die Kartoffel aber lange als „Wasserrübe". Erst in Zeiten großen Hungers, Anfang des 19. Jahrhunderts, wurde sie als „Wunderapfel" geschätzt: Die widerstandsfähige Kartoffelpflanze gedieh nämlich auch dort, wo kein Getreideanbau mehr möglich war. Erdäpfel ersetzten bald die allabendlichen Bohnen- und → *Muas*gerichte. Sauerkraut hingegen war jahrhundertelang der wichtigste Vitaminlieferant in langen Wintern. Entweder *Zettelkraut* (aus Weißkohl) oder Rübenkraut (gehackt oder gestampft) stellte man täglich auf den Tisch, in der Überzeugung: „Kraut aus dem Kübel hilft gegen 99 Übel." Den eigenen Krautacker hütete man daher besonders gut: Am Ignatiustag (21. Juli) wurde er mit Weihwasser besprengt, an drei Ecken des Ackers betete der Bauer um himmlischen Schutz vor Ungeziefer; das vierte wurde ausgelassen, damit die Würmer dort entweichen konnten. Als herzhaftes Gericht gehören *Erdäpfelblattln* in Verbindung mit Kraut heute vorwiegend im Pustertal und im Eisacktal zur klassischen Hausmannskost und zum Törggelen.

Genießen: In traditionellen Gasthäusern: z. B. Braunhof, *www.jausenstation-braunhof.com*, in Schmuders/Wiesen-Pfitsch 76 | Gasthof Oberraut, *www.oberraut.it*, in Amaten/Bruneck 103 | Restaurant Durnwald, *www.restaurantdurnwald.it*, in Pichl/Gsies 107. In Buschenschänken – vorzugsweise des Eisacktals beim herbstlichen Törggelen: z. B. Pedratscher im Lajener Ried 60 | Haidnerhof, *www.buschenschank-haidnerhof.it*, in Pairdorf/Brixen 68 | Guggerhof in Brixen 70 | Hofschank Ungerer, *www.ungerer.bz.it*, in Jaufental/Ratschings 79 | Hofschank Schifferegger, *www.agriturismoschifferegger.it*, in St. Sigmund/Kiens 86.
Auf Almen: z. B. Gampielalm (sonntags!), *www.gampielalm.com*, in Pfunders 84

Selbermachen: siehe S. 101

Gerstsuppe

***

Die Gerste ist eines der ältesten Getreide überhaupt und war für die Alpenbewohner lange ein wichtiges Grundnahrungsmittel, weil das widerstandsfähige Korn bis auf 1.700 Meter Seehöhe wächst. Die enthülsten Perlgraupen wurden im Sommer in der Sonne, im Winter in einem großen Sack auf der *Ofenbrugg*, dem Holzgerüst über dem Stubenofen, getrocknet. Bis ins 19. Jahrhundert wurde Gerste noch ins Brot gemischt, sonderlich gut schmeckte Gerstenbrot aber nicht. Die Graupensuppe dagegen schon: Durch mehrmaliges Kochen sämig geworden, diente sie im Winter als nahrhaftes Abendessen. Die fleischlose „Fastengerste" wurde häufig an den „kleinen Fasttagen", also allwöchentlich am Montag, Mittwoch und Freitag, sowie in der 40-tägigen Fastenzeit zubereitet. An den übrigen Tagen musste eine *Gerscht* unbedingt Selch- oder Surfleisch enthalten. Das *Gerschtnboan*, der Fleischknochen, wurde mehrmals verwendet und dann an ärmere Familien weitergegeben, die es neuerlich mehrmals mitkochten.

Genießen: Auf Almhütten, in traditionellen Gasthäusern, ein Klassiker beim Törggelen; z. B. Buschenschank Fronthof, *www.fronthof.com*, in Völser Aicha 55 | Buschenschank Gummererhof, *www.gummererhof.it*, in Pinzagen/Brixen 68 | Buschenschank Villscheiderhof, *www.villscheider.info*, in Brixen 69 | Gasthaus Maso Runch, *www.masorunch.it*, in Badia 93

Selbermachen: siehe S. 102

Graukäse

***

Zugegeben, die Geschichte dieses graugrünen Stinkers erinnert an Aschenputtel. Früher war der *Graukas* ein Arme-Leute-Essen und stand sinnbildlich für das karge Leben in den Tiroler Bergen, wo alles verwertet wurde. Die Senner produzierten wertvolle Butter, die entrahmte Sauermilch ließ man zu *Tschotten* gerinnen, einer quarkartigen Masse. Der gesalzene Käsebruch wurde entweder geknetet und zu kleinen *Zigolan* (Zigerkäse) geformt oder für den *Graukas* in eine Holzform gefüllt. Beides wurde neben dem Ofen oder auf einem Regal im warmen Stall oberhalb der Kühe platziert – und dort seinem Schicksal überlassen, bis sich sein Aroma bemerkbar machte. Erstmals wird der Graukäse 1325 in den Registerbüchern der Sonnenburg als „Steuerzehnten" erwähnt. Der urtümliche Almkäse wurde hierzulande schon totgesagt, als es im Jahr 2005 zu einer märchenhaften Wiederentdeckung kam: Die traditionelle Herstellungsweise des „Ahrntaler Graukäses" wurde als *Presidio Slow Food* geschützt. Seither hat sich der magere, sehr würzige Charakterkäse zum Star der feinen regionalen Küche gewandelt.

Genießen: Traditionell wird er mit Essig, Öl und Zwiebelringen serviert, in den Knödelteig gemischt, in Teigtaschen gefüllt oder als Suppe genossen: z. B. Wannser Alm in Walten/St. Leonhard 23 | Restaurant Patauner, *www.restaurant-patauner.net*, in Siebeneich 33 | Gasthof zum Hirschen, *www.hirschenwirt.it*, in Jenesien 35 | Hofschank Kinig, *www.hof-kinig.it*, in Signat 42 | Geisleralm, *www.geisleralm.com*, in Villnöß 67 | Gasthaus Lechner's in Runggen/St. Lorenzen 90 | Hofschank Eggerhöfe, *www.eggerhoefe.it*, in Antholz-Mittertal 105
Kaufen: Hofkäserei Mittermair in Mühlwald 96 | Bauernkäserei Knoll, *www.hotelknoll.eu/kaeserei.htm*, in Lappach 97 | Despar Pircher, *www.despar-pircher.it*, in Sand in Taufers 98 | Hofladen Moserhof, *www.moserhof-ahrntal.com*, in Steinhaus 102 | Sennerei Algund, *www.sennereialgund.it*, in Algund 20
Ziegen-Graukäse: Goasroscht, *www.goasroscht.com*, in Sand in Taufers 98

KOVIEH
30

Gsieser Almochsen

***

Wos tuit a Gsiasa vorn Kino? Er worschtit, bis do Film ausakimp. (Was macht ein Gsieser vor dem Kino? Er wartet, bis der Film rauskommt.) Wie die Ostfriesen in Deutschland, müssen in Südtirol die Sarner bei Bozen, die Ultner bei Meran und die Gsieser im Pustertal immer wieder für Witze herhalten. Da Gsies lange ziemlich abgeschottet war, haben sich in diesem Tal der Dialekt und so manche eigene Sichtweise erhalten – und die Tradition der Ochsenzucht: Das fein marmorierte Fleisch der Gsieser Almochsen war schon vor 200 Jahren so bekannt, dass es am Wiener Hof zum kaiserlich-königlichen Ostermahl gehörte. Die Jungochsen weiden zwei Sommer lang auf den Gsieser Almen, bevor sie – fast eine Tonne schwer – auf der Osterochsenversteigerung in St. Lorenzen bei Bruneck unter den Hammer kommen. Früher trieben die Bauern ihre muskulösen, auf Hochglanz gestriegelten Ochsen zu Fuß durch das Tal hinaus Richtung Bruneck. Nach der Versteigerung soll so mancher Neubesitzer, in der Regel ein Metzger oder Gastwirt, mit dem prächtigen Tier durch die Lauben von Bruneck stolziert sein. Wer braucht da noch Kino?

Genießen: Im Frühling in einigen Betrieben der Gruppe Südtiroler Gasthaus, www.gasthaus.it: z. B. Restaurant Durnwald, *www.restaurantdurnwald.it*, in Pichl/Gsies (107) | Berggasthof Dorfner, *www.dorfner.it*, in Montan (49), hier auch Fleisch aus eigener Ochsenzucht | Restaurant Sunnegg, *www.sunnegg.com*, in Kranebitt/Brixen (70) | Außerdem im Restaurant zur Rose, *www.zur-rose.com*, des gebürtigen Gsiesers und Sternekochs Herbert Hintner in Eppan (45)
Kaufen: Als Ganzen auf der Osterochsenversteigerung (jeweils drei Wochen vor Ostern), in Teilen bei ausgewählten Metzgern im Raum Bruneck. Ein eigenes Gütesiegel garantiert, dass das Fleisch von einem Gsieser Züchter stammt.

Hugo

***

Die Venezianer haben den *Spritz*, die Südtiroler ihren *Hugo*. Getrunken wird in Südtirol beides, obwohl der *Spritz* (Mix aus Prosecco, Aperol und Soda) hier als *Veneziano* daherkommt. Längst hat Südtirol die norditalienische *Aperitivo*-Kultur übernommen: Vor dem Mittagessen oder nach Feierabend bei lauen Sommertemperaturen wird bei ein paar Häppchen in geselliger Runde ein *Hugo* oder *Veneziano* genossen. Der *Hugo* ist ein echter Südtiroler: Barkeeper Roland Gruber suchte eine Alternative zum *Spritz* und mixte im Jahr 2005 den erfrischenden Longdrink aus Prosecco, Zitronenmelisse und Soda. Die irgendwo zwischen Holunderschorle und Mojito changierende Mixtur war so erfolgreich, dass der Cocktail (meist mit Holundersirup statt Melisse) rasch die Brennergrenze überwand und in den Szenebars von München, Berlin und Hamburg kredenzt wurde. Und in Österreich wurde so mancher *Kaiserspritzer* spontan in *Hugo* umgetauft. Beinahe hätte der *Hugo* den *Spritz* vom Thron des beliebtesten Sommerdrinks gestoßen, und das ganz ohne Werbemaschinerie. Heute halten beide versöhnlich die Beliebtheits-Balance.

Genießen: In beinahe allen Bars und Restaurants in Südtirol. Beliebte Treffs für einen Aperitif: Bar Café Seeber in Kastelbell 11 | Cocktailbar Café Rossini, *www.rossini-bar.it*, in Meran 21 | die Bars am Walther- und Obstplatz in Bozen 43 | Alter Schlachthof, *www.schlachthof.it*, in Brixen 69 | Restaurant & Loungebar Waink's, *www.wainks.it*, in Bruneck 94

Kaminwurz

***

Wenn es in Südtirol um die Wurst geht, ist damit meist die *Kaminwurz* gemeint. Die luftgetrocknete und geräucherte Hartwurst, meist aus Schweine- und Rindfleisch, seltener vom Hirsch oder Lamm, gehört zur typischen *Marende* (Brotzeit am Nachmittag) einfach dazu. Ansonsten hält sich die regionale Wurstvielfalt in Grenzen. Für die Salamiproduktion ist die Südtiroler Luft angeblich zu trocken – oder ist es der Fokussierung auf den Speck zuzuschreiben? Zur Schlachtzeit wurden nur die bei der Speckherstellung abfallenden, mageren Fleischteile zu „Hauswürsten" verarbeitet. Diese servierte man frisch oder halb geselcht und gekocht als Suppeneinlage oder mit Sauerkraut. Die übrigen Würste wurden auf dem Dachboden mit dem Speck im Kaminrauch des Stubenofens oder Küchenherds geräuchert und *Kaminwurzen* getauft. Auf dem Land zählten Wurstwaren zu den raren kulinarischen Freuden. Beim *Klöckeln*, einem Heischebrauch im Advent, wurden folglich nicht nur → Krapfen, sondern auch *Klöcklwürste* gefordert. Heute gehören gekochte Hauswürste mit Sauerkraut zu den traditionellen Winterspeisen und auf die Schlachtplatte beim Törggelen. Und die knackig-würzigen Kaminwurzen eignen sich bestens als Proviant für Bergtouren.

Genießen: Auf Almhütten und in Hofschänken, meist integraler Bestandteil eines Marendbrettls: z. B. Schliniger Alm in Schlinig 1 | Hofschank Raffeinhof in St. Walburg 26 | Buschenschank Gummererhof, *www.gummererhof.it*, in Pinzagen/Brixen 68 | Hofschank Ungerer, *www.ungerer.bz.it*, in Jaufental/Ratschings 79 | Restaurant Tlò Plazores, *www.plazores.com*, in St. Vigil in Enneberg 91
Kaufen: In Feinkostläden und Metzgereien: z. B. Siebenförcher, *www.siebenfoercher.it*, in Meran 21 und Brixen 69 | Schrott, *www.schrott-food.it*, in Bozen 43 | Bernardi, *www.bernardi-karl.it*, in Bruneck 94 | Metzgerei Villgrater, www.villgrater.bz, in Sexten 110

Keschtn

***

Dicke Maroni kommen den Südtirolern nicht in die Tüte; die feineren Esskastanien heißen hier *Keschtn*. Früher waren sie wichtige Magenfüller in Notzeiten. Heute werden sie entweder zu *Keschtnmehl* gemahlen, Wildgerichten beigelegt, zum Kastanienherz (Kastanienpüree mit Kuvertüre und Schlag) veredelt oder über offenem Feuer gebraten und beim *Törggelen* gereicht. Das ist – wohlgemerkt – kein Gericht, sondern ein herbstlicher Brauch. Die Bezeichnung kommt vermutlich vom lateinischen *torquere* (pressen) und hat mit der Weinpresse, der *Torggl*, zu tun. Nach der Weinlese trafen sich Bauern und Weinhändler im Torgglkeller, um den *Siaßn* (Most) und *Nuidn* (Jungwein) zu verkosten. Während es im weinreichen Überetsch und Unterland noch genügend volle Weinfässer gab, wurde der frische Rebensaft in den Rand-Weinbaugebieten bereits sehnsüchtig erwartet – wohl deshalb ist der Brauch im Eisacktal entstanden. Nach einer Wanderung durch die bunte Herbstlandschaft wird traditionell im Buschenschank eingekehrt; am besten dort, wo tatsächlich Wein und Kastanien wachsen. Heute serviert man in gemütlichen Stuben neben Wein auch → Gerstsuppe, → Knödel, Schlachtplatte und → *Erdäpfelblattln mit Kraut*, den Abschluss bilden süße → Krapfen und gebratene Kastanien.

Genießen: Törggelen in den Buschenschänken entlang des Keschtnwegs im Eisacktal, rund um Bozen oder im Tisner Mittelgebirge. Garantiert eigene Produkte gibt es in den Buschenschänken der Initiative „Törggelen am Ursprung". Kastanienherzen: Café Peter, *www.cafepeter.com*, oder Café Monika, *www.cafemonika.it*, in Bozen 43 | Café Pupp, *www.pupp.it*, in Brixen 69 | Desserts mit Kastanie: Restaurant Turmwirt, *www.turmwirt-gufidaun.com*, in Gufidaun 65
Buchtipp: Oswald Stimpfl: Törggelen in Südtirol. Typische Buschenschänken und Bauerngasthäuser. Bozen/Wien: Folio Verlag 2017

Kniekiechl

***

Südtirols *Kiechl* haben jede Menge nahe und ferne Verwandte: Die *Auszog'nen* in Bayern, die *Bauernkrapfen* in Österreich, die *Lángos* in Ungarn und das *Frybread* der Navajos. Für die Südtiroler *Kniekiechl* werden Germteigkugeln zu kleinen Fladen geformt, wobei die Ränder dicker sind; der Teig in der Mitte sollte so dünn sein, dass man durch ihn hindurch einen Liebesbrief lesen kann. Der Name des Schmalzgebäcks geht mit der Volksmeinung einher, dass Köchinnen zum Formen der *Kiechl* bevorzugt ihr Knie verwenden. *Kniekiechl* werden mit *Grantenmarmelade* (Preiselbeermarmelade) oder Sauerkraut gefüllt und wurden bei besonderen Anlässen im bäuerlichen Jahreskreis gebacken: die Anbau-*Kiechl*, wenn das Getreide gesät wurde, die Abschnitt-, Dresch- und Einheu-*Kiechl* bei der Ernte und die Abfahrt-*Kiechl* zum Almabtrieb des Viehs. Zu Allerheiligen wurde sogar eine ganze *Mitten* (hölzerner Backtrog) voll *Kiechlteig* zubereitet: *Kiechl* wurden an Dienstboten und Krapfen-Bettler verteilt, als Gegenleistung mussten diese für die Verstorbenen des Hauses beten. Zusätzlich wurde am Abend eine Schüssel voller *Kiechl* für die armen Seelen auf den Tisch gestellt – wer immer diese dann verdrückt haben mag …

Genießen: In Almwirtschaften, auf Wiesenfesten oder Christkindlmärkten, in Buschenschänken, z. B. Graf, *www.buschenschankgrafhof.it*, in Kampenn/Bozen 44 | Buschenschank Strasserhof, *www.strasserhof.info*, in Neustift/Vahrn 71 | Gasthaus Lechner's in Runggen/St. Lorenzen 90
Selbermachen: siehe S. 104

Knödel

***

Südtirol ohne Knödel? Unvorstellbar! Diese kugelige Speise wird von den Einheimischen als „Nationalgericht“ gefeiert. Die Varianten scheinen schier endlos – unangefochtene Nummer eins ist der Speckknödel. Am besten schmecken Knödel natürlich bei Mama. Zugeheiratete Jungbäuerinnen mussten sich gehörig ins Zeug legen, damit die Sache mit den Knödeln wirklich rund lief: Waren die Knödel zu klein, galt die Köchin als geizig. Enthielten sie wenig Speck, tauften die Knechte sie *Zweifelsknedl*, da es leichter sei, „die Dreifaltigkeit zu ergründen, als im Knödel Speck zu finden“. Mancherorts war die Not groß, sodass alles in die Knödel gemischt wurde, was die Speisekammer hergab. War kein Geselchtes vorhanden, wurden Rübenwürfel verwendet. An kirchlichen Fasttagen wurden fleischlose Fastenknödel, zur Schlachtzeit im Winter die begehrten Leber- und Blutknödel aufgetischt. Knödeltage waren in der Regel der Dienstag, Donnerstag und Samstag; nur dann erhielt jeder einen eigenen Teller, ansonsten wurde gemeinsam aus Pfannen oder Schüsseln gegessen. Wichtig: Teilen Sie *Knedl* stets mit der Gabel – mit dem Messer stechen Sie der Köchin bzw. dem Koch geradewegs ins Herz.

Genießen: Omnipräsent, in zahllosen Varianten: z. B. im Hotel Zur Goldenen Rose, *www.goldenerose.it*, in Karthaus/Schnals 14 | Gasthof Unterweg, *www.unterweg.it*, in Afing/Jenesien 35 | Jausenstation Moar, *www.jausenstationmoar.it*, in Villnöß 66 | Gattererhütte auf der Fanealm in Vals 82 | Berggasthof Mudler, *www.suedtirol-bauernhof.com/de/mudlerhof*, in Taisten 106
Kaufen: In vielen Feinkostläden, auf Bauernmärkten, in Supermärkten, Metzgereien: z. B. Siebenförcher, *www.siebenfoercher.it*, in Meran 21 und Brixen 69 | Schrott, *www.schrott-food.it*, in Bozen 43 | Metzgerei Frick, *www.frick.bz.it*, und Feinkostladen Gut & Gerne in Sterzing 77 | Bernardi, *www.bernardi-karl.it*, in Bruneck 94
Selbermachen: Speckknödel siehe S. 110

Krapfen

***

Sie sind länglich, rechteckig, quadratisch oder halbmondförmig und werden mit Marmelade, Mohn, Kastanien, Äpfeln, Birnen, Zwetschgen, Heidelbeeren, Holundersulze, Honig oder Topfen gefüllt – mitunter sind sie leer: Die Südtiroler Krapfen-Landschaft bietet eine große Bandbreite an Krapfen, *Kiechln* und *Blattln*, wobei beinahe jedes Tal, manches Dorf, ja sogar mancherlei Köchin ein eigenes Rezept hat. *Krapfo* stand im Altdeutschen allgemein für Gebäck, hierzulande sind üblicherweise süße Leckereien gemeint. Krapfen werden seit jeher hochgeschätzt, vor allem dort, wo es Gebackenes nur an hohen Feiertagen gab. Folgerichtig drehten sich alte Heischebräuche um die Krapfen, wie das „Krapfen-Betteln" zu Allerheiligen oder das *Klöckeln* zur Adventszeit, das sich heute nur noch im Sarntal erhalten hat. Insbesondere Dienstboten forderten Schmalzgebackenes ein, eine gute Kost ließ sie über widrige Arbeitsverhältnisse hinwegsehen. Gut hinsehen mussten sie allerdings zu Lichtmess, am 2. Februar: Wer einen *Türnagel-Kråpfn* erhielt, durfte ein weiteres Jahr bleiben, alle anderen wurden mit einem *Fersenknüppel* davongeschickt. Der wichtigste *Kråpfn*-Tag war und bleibt der Kirchtag, dann gilt: „Einen im Mund, einen in der Hand und einen schon im Auge."

Genießen: Auf Kirchtagen oder anderen ländlichen Festen, auch zum Törggelen gehören Krapfen dazu: z. B. Buschenschänken Buchfelder, Buchner, Putzer, Pedratscher und Oberfinser im Lajener Ried 60 | Pschnicker, *www.pschnickerhof.it*, und Oberpartegger, *www.oberpartegger.com*, in Villanders 62 | Braunhof, *www.jausenstation-braunhof.com*, in Schmuders/Wiesen-Pfitsch 76
Kaufen: Auf Bauernmärkten, im September auf dem Krapfenfest in Ulten 27 sowie Anfang Oktober auf dem Brot- und Strudelmarkt in Brixen 69
Selbermachen: siehe S. 103

Marillenknödel

***

Marillenbäume stehen traditionell vor allem auf Vinschger Bauernhöfen Spalier. Durch Alexander den Großen gelangte das Rosengewächs aus Asien in den Mittelmeerraum. Als die Römer der Etsch entlang die Via Claudia Augusta bauten, hatten sie neben Wein und Äpfeln auch Marillen im Gepäck. Im Vinschgau fiel die Frucht auf fruchtbaren Boden: viel Sonne, lockeres Terrain, wenig Regen und der famose Vinschger Wind. Die Vinschger Marille ist eine eigenständige Sorte, die zwischen 500 und 1.100 Metern Seehöhe wächst. Die 120 Marillenbauern ernten jährlich zwischen Mitte Juli und Mitte August rund 350 Tonnen, etwa 85 Prozent von der Sorte Vinschger Marille. Bei der Ernte zeigt sich diese besonders kapriziös: Stur wie eine echte Vinschgerin entscheidet sie, wann sie reif ist. Dann aber fällt sie dem Bauern freiwillig in die erntende Hand und präsentiert sich in sattgelborangem Kleid als eine hocharomatische süßsäuerliche Frucht. Die fleischige Marille schmeckt am besten frisch; sie wird zu saftigen Marillenknödeln oder zu Marmelade verarbeitet und eignet sich aufgrund des hohen Zuckergehalts gut für den Edelbrand „Marilleler". Im Sommer werden auch andere Marillensorten in Knödelmasse aus Kartoffel- oder Topfenteig verpackt.

Genießen: Beim Fest „Marmor & Marillen", *www.marmorundmarillen.com*, in Laas 6, zur Erntezeit in Gasthäusern landesweit: Gasthof zum Gold'nen Adler, *www.zum-goldnen-adler.com*, in Schleis/Mals 2 | Gasthof Zur Sonne, *www.sonnelaas.com*, Gasthaus Zur Krone, *www.krone-laas.it*, sowie Gasthof Sonneck, *www.gasthaus-sonneck.it*, in Laas 6 | Gasthof Falkenstein, *www.gasthof-falkenstein.com*, in Naturns 18 | Gasthof Lamm, *www.gasthaus-lamm.it*, in St. Martin/Passeier 22 | Gasthof Schwarze Katz, *www.schwarzekatze.it*, in Bozen 43
Kaufen (Marillen): Vinschger Bauernladen, *www.bauernladen.it*, in Naturns 13 | Verkaufsorganisation ViP, *www.vip.coop*, z. B. MEG – Erzeugergenossenschaft Martell 9 oder Juval in Kastelbell 11
Selbermachen: siehe S. 104

Mognzucker

***

Heute schwer zu finden, früher schwer zu verdienen: Die *Mognzuckerlen*, karminrote Gewürzbonbons, wurden von den Großmüttern wie ein Schatz gehütet. Griff Oma zur Belohnung in die Tasche der Kleiderschürze, wurden Kinderaugen groß. Zucker gehörte für die meisten Südtiroler lange zum kaum leistbaren Luxus, gesüßt wurden Speisen hauptsächlich mit Honig, dem Mehl gedörrter Früchte oder *Boxele*-Mehl vom Johannisbrotbaum. *Mognzuckerlen* sind Nachfahren eines uralten Konfekts namens *morsuli imperatoris*, das von Apothekern bereits im Mittelalter als Arznei hergestellt wurde. Früher gab es in Apotheken neben Heilkräutern auch Stoffe, Wachs, Schießpulver, Papier, Tinte, Wein, Liköre, Marzipan, Zucker und heilendes Konfekt zu kaufen. Dem *Mognzucker* wurde eine magenstärkende und verdauungsfördernde Wirkung zugeschrieben – diese stammt nicht vom Zucker, sondern von den Gewürzen wie Nelken und Zimt. Dank der Brunecker „Zuckerlefamilie" Walde sind die roten Klassiker, die das ganze Jahr wie Weihnachten schmecken, nicht ausgestorben. Besonders beliebt ist der *Mognzucker* übrigens zum Ansetzen von Nusslikör oder Zirbelkieferschnaps.

Kaufen: Traditionell bei Walde, *www.walde.it*, in Bruneck 94 | Außerdem: Lebensmittel Horvat, *www.horvat.it*, in Bruneck 94 | Stedeler's Stamperl, *www.stedelers-stamperl.com*, in Eggen/Deutschnofen 54 | Pur Südtirol, *www.pursuedtirol.com*, in Meran 21, Bozen 43 und Bruneck 94. Heute erhältlich in verschiedenen Geschmacksrichtungen wie Holunderbeere, Latsche, Erdbeere.

Muas

***

Mus ist eines der ältesten Gerichte der Menschheit. In Südtirol speisten zur Zeit des Minnesängers Oswald von Wolkenstein auch Edelmänner Hafermus, auf den Bauernhöfen wurde es erst Anfang des 19. Jahrhunderts durch schmackhafteres Buchweizen-, Mais- oder gar Weizenmus verdrängt. Auf vielen Tischen stand das *Muas* bis zum Ersten Weltkrieg – mancherorts bis in die 1960er-Jahre – fast täglich auf dem Speiseplan, insbesondere zum Frühstück. Welche Rolle das *Muas* hierzulande spielte, zeigt der frühere Brauch, der Braut am Abend der Hochzeit vor dem Übertreten der Hausschwelle neben den Schlüsseln auch eine Muspfanne und einen Musbesen zu überreichen. Heute wird das *Muas* nur mehr selten über offenem Feuer gekocht. Nach wie vor gilt, dass die eiserne *Muaspfånn* ausschließlich für *Muas* und Schmarrengerichte verwendet und nur ausgewischt, niemals aber gespült werden darf. Das fertige *Muas* wird mit Butterschmalz übergossen und in die Mitte des Tisches platziert, dann löffeln alle aus der Pfanne. Mancherorts gibt es *Holermulla* (Holundersulze) dazu oder ein Ei drauf. *Muas*-Profis leiten das Schmalz mithilfe von *Gunnen* (Rinnen) in ihren Pfannenbereich und sichern sich die *Scharren* oder *Raschp'm*, die Bodenkruste, die dem Volksglauben zufolge eine schöne Stimme machen soll.

Genießen: z. B. Kinighof in Signat (42) | Prantneralm (vorbestellen!), *www.prantneralm.com*, bei Sterzing (76) | Marxegger-Alm in Weißenbach bei Luttach (101)
Selbermachen: siehe S. 105

Nigilan

***

Die *Nigilan* sind ein typisches Festtagsgericht im Pustertal und ähneln dem Faschingskrapfen oder Berliner. Die kleinen Kugeln aus gebackenem Germteig gehören zu den Spezialitäten, die man selten daheim bäckt, sondern ungeachtet ihres Kaloriengehalts auf Kirchtagsfesten genießt. Im unteren Pustertal heißen die *Nigilan Minggilan*, im Ahrntal *Maislan*, in Terenten *Zirggilan*. Während Gebackenes in der Stadt als Luxus galt, war es auf dem Land auf wirtschaftlich gut gestellten Höfen Alltagskost. In ärmeren Familien, die mit Schmalz und Getreide sparsam umgehen mussten, waren Weihnachten, Fasnacht oder der Kirchtag die lang ersehnten Krapfen-Tage des Jahres. In Osttirol wurde der Teig der *Nigilan* sogar mit Kartoffeln gestreckt, man servierte sie dort hauptsächlich zu Hochzeiten. Die Pustertaler *Nigilan* sind normalerweise leer und werden entweder mit Marmelade gegessen oder mit einer Zucker-Mohn-Glasur versüßt.

Genießen: Im Pustertal auf Kirchtagen, Wiesenfesten | bei Sterneköchin Anna Matscher im Restaurant Zum Löwen, *www.zumloewen.it*, in Tisens 28 | Gasthaus Kofler am Kofl in Pfalzen 89, auf Bestellung | im September auf dem Krapfenfest in Ulten 27
Selbermachen: siehe S. 106

Palabirne

***

Alljährlich im September kamen den Doktoren im Vinschgau plötzlich die Patienten abhanden: Zu dieser Zeit waren die Palabirnen reif. Das fruchtige Allheilmittel wird erstmals 1755 als *Pilli-Palli-Birne* in Dokumenten der Churburg in Schluderns erwähnt, hat sich aber schon vor 400 Jahren den Weg von Asien nach Europa gebahnt; somit ist die *Palabir* eine der ältesten Birnen des Alpenraums. Einige Zeit war die Birnensorte den Vinschgern tatsächlich pillepalle: Die knubbeligen Palabirnen wurden schlichtweg nicht mehr geerntet – bis sich der Schludernser Obstbauer Walter Tschenett auf die enorme gesundheitliche Wirkung der „Apothekerbirne" besann und die verbliebenen knorrigen, bis zu 25 Meter hohen, teils jahrhundertealten Bäume ausfindig machte. Zum Erhalt der Palabirne werden jetzt sogar Baumpatenschaften angeboten. Da die Birne nicht sonderlich lagerfähig ist, wird sie gleich nach der Ernte gedörrt oder weiterverarbeitet. Besonders heilende Wirkung wird dem Palabirnen-Mus zugeschrieben: Es senkt den Blutdruck, reinigt den Dickdarm und mobilisiert die körpereigenen Abwehrkräfte. Und Palabirnenbrot, -schmarrn oder -strudel sind einfach ein Genuss.

Genießen: In Glurns 4 finden jährlich Mitte September Palabiratage statt, *www.glurns.eu.*
Kaufen: Auf dem Tälerhof, *www.taelerhof.com*, in Schluderns 5 verkauft Walter Tschenett gedörrte Palabirnen, Birnenmehl, Mus, Chutneys, Fruchtaufstriche u. v. m. | Gedörrte Palabirnen gibt es auf dem Kandlwaalhof, *www.luggin.net*, in Laas 6 | Palabirnenbrot: Bäckerei Schuster, *www.schuster.it*, in Laatsch/Mals 3 | Pur Südtirol, *www.pursuedtirol.com*, in Meran 21, Bozen 43 und Bruneck 94
Buchtipp: Manfred Ziernheld: Die Palabirne. Ein Lese- und Kochbuch. Wien/Bozen: Folio Verlag 2015

Pastasciutta

***

Der Einfluss aus dem Süden prägt Südtirols Kulinarik schon lange: Früh mutierten Ravioli zu → Schlutzkrapfen, wurde Polenta als → *Plent* zum Grundnahrungsmittel. Gegenüber Städtern hielten Bergbauern naturgemäß länger an traditionellen Gerichten fest. Das mag auch politische Gründe gehabt haben, insbesondere als mit dem Anschluss an Italien vermehrt oberitalienische Zuwanderer ins Land kamen und die Küchentraditionen ihrer Heimat mitbrachten. Die Herzen und Mägen der Bergler eroberte die *Paschtaschutta* (Pasta) jedenfalls auf Umwegen: Sie erreichte erst die Städte, arbeitete sich in den 1960ern hinauf zum Hüttengericht, um schließlich in der bäuerlichen Alltagsküche ihren Platz zu finden. In Zeiten vor freiem Warenverkehr ermöglichte die Pasta hierzulande vielen deutschen Gästen eine Annäherung an die Dolce-Vita-Küche – in der eigenen Muttersprache!
Für ein eigenes Regionalgericht fehlt dem italienischen Element in der Südtiroler Küche (noch) die Verwurzelung – dafür ist es zwischen *Pizzoccheri* aus dem Veltlin, venetischem *Angalotti* (Anguillotto, Aal), toskanischer *Ribollita* und kampanischer Büffelmozzarella breiter aufgestellt. Ganz selbstverständlich wird heute tirolisch-alpine Kost mit mediterranen Zutaten verfeinert – in keinem anderen Bereich gelingt das Zusammenspiel der Kulturkreise in Südtirol natürlicher als in der Küche.

Genießen: Pastagerichte gibt es praktisch überall in Südtirol. Bekannt für hausgemachte Pasta ist Tinello, *www.tinello.bz.it*, in Bozen 43 | In der Höhe: Jora Mountain Dining, *www.jora.it*, in Innichen 109 | Sternekoch Herbert Hintner, *www.zur-rose.com*, in Eppan 45 mischt das für Südtirol typische Roggenmehl in den Pastateig, schichtet Sauerkraut in die Lasagne oder füllt Kloazn-Ravioli mit Graukäse | Italien pur erleben Sie bei: Italia & Amore, *www.italiaamore.it*, in Bozen 43

Plent

***

Kaum hatte Kolumbus den Mais von Amerika nach Europa geschippert, gedieh dieser schon in Südtirol: Von Venedig strebte der „türkische Weizen“ die Etsch flussaufwärts und wurde erstmals 1573 im Salurner Rechnungsamt als Zehentkorn genannt. Seither gehört die Polenta, ein fester Brei aus Maismehl und Wasser, als *Plent* oder *Plente* zum Inventar der Südtiroler Alltagsküche – heute gerne mit *Sgombro* (Makrelen) aus der Dose und Gorgonzola. Das ertragreiche neue Korn war insbesondere für arme Bauernfamilien ein Segen, das vergegenwärtigen die Maiskolben, die Wegkreuze und Herrgottswinkel zieren. Im Zuge der Etschregulierung wurde im Landwirtschaftsplan der Habsburgermonarchie der Anbau von Mais in den neu gewonnenen, aber noch sumpfigen Flächen vorgeschrieben. Deshalb haben vor allem die Bewohner des Unterlands eine besondere Verbindung zum „gelben *Plent*“. In den 1950er-Jahren wich der Mais zwar dem lukrativeren Obst- und Weinbau, doch der *Plent* wurde geschickt integriert: Bei der Weinlese, dem *Wimmen*, stärkten sich die Erntehelfer mit Polenta, die im Kupferkessel über offenem Feuer gekocht wurde, sowie mit Würsten oder Käse.

Genießen: Landesweit in Landgasthöfen und Almwirtschaften, meist in Gesellschaft von Pfifferlingen und Steinpilzen oder Gulasch: z. B. Gasthaus Caroline, *www.gasthofcaroline.it*, in Graun/Kurtatsch 47 | Restaurant Fichtenhof, *www.fichtenhof.it*, in Gfrill 48 | Planitzerhof, *www.planitzer.it*, in Glen/Montan 49 | Kürbishof, *www.kuerbishof.it*, in Altrei 50

Kaufen: „Kalterer Plent“ gibt es bei wein.kaltern, *www.wein.kaltern.com*, in Kaltern 46 und in dessen Partnerbetrieben sowie in der Schlösslmühle, *www.schloesslmuehle.com*, in Bozen 43.

Pressknödel

***

Streng genommen sind in Südtirol alle → Knödel rund. Die einzige Ausnahme ist der *Kaspressknedl* aus dem Pustertal. Während die anderen Knödelsorten des Landes mit einer – meist nur zu diesem Zweck verwendeten – „Knödelkelle“ oder mit bloßen Händen zu gleichmäßigen Kugeln gedreht werden, drückt, also „presst“, man Pressknödel zu flachen Laibchen. Außerdem werden Pressknödel nicht nur im Salzwasser gekocht, sondern zuerst in Butterschmalz oder Fett angebraten und erst anschließend kurz ins kochende Wasser gegeben. Essenzieller Bestandteil der *Puschtra Pressknedl* ist der für die Gegend typische → Graukäse, der jahrhundertelang auf den Almen hergestellt wurde. Pressknödel waren dementsprechend ein beliebtes Essen bei Almsennern, aber auch für Waldarbeiter oder Menschen, die viel unterwegs waren und begrenzte Kochmöglichkeiten hatten. Sie konnten die gebratenen, gut haltbaren Pressknödel im Rucksack mitnehmen und dann nur kurz aufwärmen. Bei den Pressknödeln wird traditionell „einer zu Wasser, einer zu Land“ gegessen, also einer in der Suppe und einer mit Kraut oder Salat.

Genießen: z. B. Hotel Zur Goldenen Rose, *www.goldenerose.it*, in Karthaus/Schnals 14 | Pertingeralm, *www.pertingeralm.it*, in Terenten 85 | herausragend im Hotel Restaurant Gassenwirt, *www.gassenwirt.it*, in Kiens 87
Selbermachen: siehe S. 103
Buchtipp: Oswald Stimpfl: Ausflugsgasthöfe in Südtirol. Mit Wandervorschlägen und Kulturtipps. Bozen/Wien: Folio Verlag 2015

Sarner Latsche

***

Die Sarner Latsche – sprich: *Sarnar Laatsche* – muss ganz schön was aushalten: Auf schwere Winter folgen trockene, heiße Sommer, im Gegensatz zu den Buschgenossen anderenorts wächst sie zudem auf saurem Boden. Das Ergebnis dieser extremen Bedingungen ist eine so hohe Intensität an Wirkstoffen, dass sich die Sarner Latschenvariante den eigenen botanischen Namen *pinus sarentensis* verdient hat. Seit Jahrhunderten wird daraus mittels Dampfdestillation Latschenkiefernöl gewonnen. Für einen Liter Öl werden 250 kg Latschennadeln benötigt! Diese wertvolle Kraft aus den Bergen ist in jeder Südtiroler Hausapotheke zu finden und wird bei Rheuma und Durchblutungsstörungen, für Entspannungsbäder oder Inhalationen eingesetzt. Wohl deshalb gilt auch ein *Stamperle* Latschenschnaps – in Grappa angesetzte Latschenkieferzapfen und vorwiegend auf Almhütten als Digestif angeboten – als gesund. Aber Achtung: Genießen Sie die Sarner Latsche in medizinischen Dosen, sonst haut es Sie aus den Latschen.

Genießen: Latschenschnaps wird auf vielen Südtiroler Almhütten angeboten. Egon Heiss vom Restaurant Bad Schörgau, *www.bad-schoergau.com*, in Sarnthein 37 aromatisiert seine Sterneküche gerne mit Latsche: Latschenrisotto, Latschenpopcorn …
Im „Natur Spa" der Traditions-Latschenölbrennerei Eschgfeller, *www.eschgfeller.eu*, in Reinswald 38 kann man sich von Juni bis Oktober bei einer Latschenkur in ofenwarmen Latschennadeln entspannen.
Kaufen: Im „Natur Shop" der erwähnten Latschenölbrennerei Eschgfeller gibt es Latschengeist, Latschenzuckerl, Latschenöl u. v. m. | Latschenöl brennt auch Bergila, *www.bergila.com*, in Issing/Pfalzen 88.

Saure

***

Sauer macht lustig: Die *Saure* ist eine Kuttelflecksuppe, die vorzugsweise im Gasthaus gegessen wurde, meist flankiert von Tanz und Gesang: etwa sonntags nach dem Kirchgang, nach der Chorprobe, als Zwischengang auf Bauernhochzeiten oder bei anderen feierlichen Anlässen. Zur Vermeidung gummiartiger Konsistenz wurde der *Wampm* (Schweine- oder Kalbsmagen) stundenlang gekocht, in feine Streifen geschnitten, mit Essig säuerlich gewürzt und als Suppe serviert, in feineren Varianten auch mit Essiggurken, Kapern oder Peperoni. Auf Bauernhöfen gab es die Kuttelsuppe meist nur nach dem *Schlachtigen*, also zur Schlachtzeit. Das restliche Jahr über musste man sich zu Hause mit der weitaus weniger geschmackvollen Brennsuppe begnügen, die ebenso auf einer Einbrenn basiert und mancherorts fast täglich zum Frühstück serviert wurde. Dabei löffelten alle aus derselben Suppenschüssel, als sättigende Beilage wurde zerkleinertes, hartes Brot aus dem *Brockenstötzl* (Holzbehälter mit Brotbrocken) in die Suppe, eine Tasse Milch oder den Kaffee eingebrockt. Die *Bozner Saure* dagegen ähnelt der *Trippa alla fiorentina* aus dem Süden – bei dieser werden noch reife Tomaten, Weißwein und geriebener Parmesan dazugegeben. Sowohl die Brenn- als auch die Saure Suppe sind heute seltene, aber gern gesehene Delikatessen.

Genießen: z. B. Gasthof Sonneck, *www.gasthaus-sonneck.it*, in Allitz/Laas (6) | Jausenstation Weintal in Naturns (18) | Restaurant Weißes Rössl, *www.weissesroessl.org*, und Wirtshaus Vögele, *www.voegele.it*, in Bozen (43) | Oberpartegger, *www.oberpartegger.com*, in Villanders (62) | Restaurant Sunnegg, *www.sunnegg.com*, in Kranebitt/Brixen (70)
Selbermachen: siehe S. 107

Schlutzkrapfen

***

Wie jetzt, Krapfen? Mit süßem Schmalzgebäck haben diese Teigtaschen eigentlich nichts zu tun. Ihr Name ist verwirrend: Einerseits bezeichnete das Wort „Krapfen“ früher Fettgebackenes und jede Form von asymmetrischen Nudeln, andererseits stand „Nudel“ auch für Gebäck. Zu allem Überfluss nannten die Tiroler Nudeln auch Krapfen oder Krapfennudeln. Alles klar? Die Südtiroler sagen heute meist schlicht *Schlutzer* – denn geschmeidig die Kehle hinab*schlutzen*, also gleiten, sollen sie allemal. Einst drohten Knechte mit Schwächeanfällen, wenn die Köchin die *Schlutzer* nicht reichlich abgeschmalzt hatte. Der Südtiroler Klassiker stammt ursprünglich aus dem Pustertal. Bereits 1485 berichteten Reisende im Drautal über die von *fleißzigen Frawen gefertigten Teigwerke mit schmackhaftem Inhalte*. Teigtaschen waren ab dem Mittelalter eine beliebte Form der Resteverwertung. So wurden *Schlutzkråpfn* mit Spinat, Sauerkraut, Fleisch oder Erdäpfeln und Topfen gefüllt und zur Heumahd oder am Samstagabend zubereitet, bis sie von den gehaltvolleren → *Tirtlan* verdrängt wurden. Von Hand ausgewalzte und *gepitschte* (am Rand händisch zusammengedrückte) Schlutzkrapfen sind heute seltener zu finden, umso mehr werden sie geschätzt.

Genießen: Fast überall in Südtirol, in verschiedensten Varianten: Buschenschank Föhrner in Glaning bei Bozen 36 | Gasthof Wieser, *www.gasthofwieser.com*, in Perdonig/Eppan 45 | Schmiederalm, *www.schmiederalm.it*, und Gasthof Krone, *www.gasthof-krone.it*, in Aldein 53 | Wassererhof, *www.wassererhof.com*, bei Atzwang 57 | Lech-Sant-Schwaige, *www.lechsant.it*, in St. Christina in Gröden 61 | Restaurant Tló Plazores, *www.plazores.com*, in St. Vigil in Enneberg 91 (am Wochenende) | Wirtshaus Moosmair, *www.moosmair.it*, in Ahornach 99 | Restaurant Durnwald, *www.restaurantdurnwald.it*, in Pichl/Gsies 107 | Kahnwirt *www.kahnwirt.it*, in St. Martin/Gsies 108

Kaufen: In Feinkostläden, z. B. Metzgerei Feinkost Egger, *www.feinkostegger.it*, und Schrott, *www.schrott-food.it*, in Bozen 43

Selbermachen: siehe S. 108

Schnalser Nudeln

***

Nudeltechnisch gab es in Südtirol lange Zeit nur zwei Varianten: die breiten Bandnudeln, die auch *O'siednudeln* genannt wurden, und die Suppennudeln. Der Teig bestand meist aus Gerste, etwas Weizenmehl und Wasser, er wurde mit dem *Triebl* (Nudelholz) ausgewalzt und von Hand in die gewünschte Form geschnitten. Umso verwunderlicher, dass die ersten Spaghetti Südtirols im einst abgeschiedenen Schnalstal gepresst wurden. Bis heute haben sich dort Bergbauernhöfe in schwindelerregenden Höhen erhalten, die bis ins 13. Jahrhundert zurückreichen. Venezianische Kaufleute sollen auf der Suche nach dem begehrten Schnalser Lärchenholz eine *Nudldruck* (Nudelpresse) auf solch einem Bergbauernhof hinterlassen haben. Da Mehl auf Höfen über der 2.000-m-Grenze sehr kostbar war, Milcherzeugnisse aber reichlich vorhanden, wurde der Nudelteig kurzerhand mit Topfen gestreckt. Mit vereinten Kräften wurde der zähe Teig durch die *Nudldruck* getrieben und ergab spaghettiähnliche *Drucknudeln*. Da das Essen für die harte Arbeit an den steilen Berghängen lange *anhalten* musste, wurden die *Schnålser Nudl* – getreu dem Motto „Topfen und Schmalz, Gott erhalt's" – in Butter gekocht und in dieser schwimmend serviert.

Genießen: In manchen Almhütten und Gasthäusern des Tals zu besonderen Anlässen bzw. auf Anfrage, z. B. Hotel Oberraindlhof, *www.oberraindlhof.com*, in Schnals 15. Die Schnalser Bäuerinnen bieten sie Anfang Februar auf dem Agathamarkt in Karthaus 14 an.
Selbermachen: siehe S. 108

Schneemilch

***

Als es noch keinen Kühlschrank gab, wurde die *Vinschgr* bzw. *Schnålser Schneamilch* zum Kühlen in den Schnee gestellt. Der namengebende „Schnee“ ist aber die süße Sahne, die mit Brotstücken gestreckt wurde. Je nach Talschaft, Verfügbarkeit und Wirtschaftslage des Hauses wurde diese Nachspeise allerdings noch mit *Zibeben* (Rosinen), Nüssen, Feigen oder gedörrten Apfelstücken sowie mit Zucker und Zimt verfeinert. In einigen Dörfern gab es die *Schneamilch* nur einmal im Jahr, beim „Scheibenschlagen“, einem mehr als 1.000 Jahre alten Feuerbrauch, der die Winterdämonen besänftigen soll. Mit *Scheib, Scheib, wem g'heart dia Scheib? …* (Scheibe, Scheibe, wem ist diese Scheibe gewidmet? …) werden im Vinschgau am *Funkensunntig*, dem ersten Sonntag der Fastenzeit, glühende Holzscheiben mithilfe von Haselstöcken von Anhöhen ins Tal hinuntergeschleudert und dazu laut Wünsche gerufen, vorzugsweise für ein gutes Erntejahr oder in Liebesdingen. Früher lockte die *Schneamilch*, die auf dem Fenstersims die Scheibenschlager erwartete, auch potenzielle künftige Ehemänner in die Häuser.

Genießen: z. B. Gasthof zum Gold'nen Adler, *www.zum-goldnen-adler.com*, in Schleis/Mals ❷ | Schlosswirt Juval, *www.schlosswirtjuval.it*, in Kastelbell-Tschars ⓭ | Hotel Zur Goldenen Rose, *www.goldenerose.it*, und Restaurant Grüner, *www.restaurant-gruener.com*, in Karthaus/Schnals ⓮ | Hotel Oberraindlhof, *www.oberraindlhof.com*, in Schnals ⓯
Selbermachen: siehe S. 114

Schöpsernes

***

Was haben Ötzi und Hammel gemeinsam? Zunächst einmal das Ö: Nicht nur in Südtirol wird das männliche, kastrierte Schaf „Schöps“ genannt. Beeindruckender: Als der Mann aus dem Eis vor 5.000 Jahren die Alpen überqueren wollte, war er auf derselben Route unterwegs, auf der schon mindestens 1.000 Jahre zuvor Schafe aus dem heutigen Südtiroler Schnalstal zum Weiden ins Nordtiroler Ötztal getrieben wurden. Diese Tradition der *Transhumanz* ist als ältester und größter Schafübertrieb der Alpen von der UNESCO als immaterielles Kulturgut anerkannt. Jedes Jahr Anfang Juni treiben die Hirten knapp 4.000 Schafe in einem zweitägigen Marsch von Kurzras in Schnals auf die Almen von Vent in Österreich. Auf der 44 Kilometer langen Strecke geht es durch hochalpines Gelände bis auf 3.000 m hinauf, über Schneefelder, einen Gletscher und die Landesgrenze. Nach dem weniger gefährlichen Rücktrieb im September ist es Zeit für das *Scheppsene*. Der Braten aus Hammelfleisch hat in den kargen Bergtälern und in den Mittelgebirgen Südtirols Tradition, hier waren Schafe als Woll-, Leder-, Fett- und Fleischspender ein besonders wichtiges und geschätztes Nutztier.

Genießen: Im Herbst vor allem auf Almen und in Landgasthöfen in Schnals (15), in Passeier (22), Ulten (27), am Tschögglberg: z. B. Berggasthaus Stallwies, *www.stallwies.com*, in Martell (10) | Marzoneralm, *www.marzoneralm.it*, in Kastelbell (sonntags) (12) | Gasthof Jägerrast, *www.jaegerrast.com*, im Pfossental/Schnals (17) | Hofschank Finailhof, *www.finailhof.com*, in Vernagt/Schnals (16) | Gasthof Wieser, *www.gasthof-wieser.com*, in Nobels/Jenesien (sonntags) (34) | Restaurant St. Michael, *www.restaurant-stmichael.com*, in Kastelruth (58)
Kaufen: Schaffleisch gibt es bei Wippland, *www.wippland.com*, in Freienfeld (80) | Metzgerei Sarner Fleisch, *www.sarnerfleisch.com*, mit Verkaufsstellen rund um Bozen, z. B. Nigg, *www.metzgereinigg.com*, in Terlan (31) | Metzgerei Windegger, *www.windegger.info*, in Bozen (43) und Eppan (45)
Selbermachen: siehe S. 109

Schüttelbrot

***

Geschüttelt, nicht gerührt. Dünn, knusprig und keinesfalls verbrannt: Das rustikale Fladenbrot fehlt bei keiner Südtiroler *Marende* (Brotzeit) und macht auch neben den grazilen italienischen Grissini eine knackige Figur. Von Kornbauern in Völs, Natz und Kastelruth aus hat sich die Schüttel-Technik schon früh im östlichen Alpenraum verbreitet – etwas Vergleichbares gab es nur in Schweden. Das lang haltbare *Regglproat* (Schüttelbrot im Eisacktaler Dialekt) war insbesondere auf der Alm und für die Bergbauern ein Segen. Gebacken wurde meist nur zwei, höchstens sechs Mal im Jahr. Die Brote wurden in der *Hurt*, einem Brotrahmen, auf dem Dachboden getrocknet. Um Salz zu sparen und dem Schimmelbefall vorzubeugen, wurde dem Teig reichlich Kümmel, Fenchel, Anis und *Zigeinerkraut* (Brotklee) zugefügt, bis heute das typische Südtiroler Brotgewürz. Angeblich wurde der sehr weiche Brotteig früher auf der flachen Hand zu einem dünnen Fladen geschüttelt. Die Bäcker behelfen sich heute mit einem runden Holzbrett. Es braucht viel Übung, bis man den Dreh raushat: Der Teig muss in die Luft geworfen, das Brett gleichzeitig gedreht werden. Ob das *Schittlproat* händisch (nicht maschinell) geschüttelt wurde, erkennen Sie am dunklen *Herzl* in seiner Mitte.

Genießen: Meist integraler Bestandteil der Brotkörbe in Südtiroler Gasthäusern; zur *Marende* in Buschen- und Hofschänken
Kaufen: In praktisch allen Südtiroler Traditionsbäckereien: z. B. Ultner Brot, *www.ultnerbrot.it*, in St. Walburg 26 | Bäckerei Egger in Jenesien 35 | Franziskaner, *www.franziskanerbaeckerei.it*, in Bozen 43 | Niederstätter in Klobenstein 40 | Rabanser, *www.rabanser.bz*, in Barbian 59 | Bäckerei Sellemund, *www.sellemond.it*, in Feldthurns 64 | Natur-Backstube Profanter, *www.profanter.it*, in Brixen 69 | Gasser, *www.baeckerei-gasser.it*, in Lüsen 74
Selbermachen: siehe S. 110

Schwarzplentener Riebl

***

Nicht schwarz, sondern rosa blüht der *Schwarzplent*. So wird in Südtirol Buchweizen genannt, der südlich des Alpenhauptkammes schon seit dem 15. Jahrhundert heimisch ist. In manchen Tälern entwickelte sich das Pseudogetreide zu einem Grundnahrungsmittel, da der widerstandsfähige Buchweizen auch auf mageren, lehmigen Böden wächst. Obendrein konnte den Steuereintreibern ein Schnippchen geschlagen werden, da für Buchweizen kein Zehent eingehoben wurde. Traditionell servierte man *Schwarzplentene Knödel* oder *Schwarzplentenen Riebl*, eine Art Schmarrn, freitags oder samstags, im Passeiertal und in Villanders bis zur Zwischenkriegszeit sogar fast täglich. Beliebt waren beide nicht: Die Knödel waren meist groß und *gleim*, also sehr kompakt, sodass sie bei unerfahrenen Köchen die Konsistenz von Kanonenkugeln erreichen konnten. Der *Schwarzplentene Riebl* hingegen musste gehörig mit Butterschmalz übergossen werden, andernfalls befürchteten die Dienstboten, dass es bis zum Kruzifix im Herrgottswinkel *hinaufstauben* könnte. Mittlerweile ist der *Schwarzplent* kein schwarzes Schaf mehr auf den Tellern, sondern als glutenfreier Energielieferant willkommen.

Genießen: z. B. Mahdalm, *www.mahdalm.com*, auf dem Hirzer Hochplateau (Seilbahn ab Saltaus) 24 | Hofschank Raffeinhof in St. Walburg 26 | Schönrastalm in Aldein 53 | Buschenschank Gschlössler, *www.gschloessler.com*, in Vahrn 72 | Hofschank Schifferegger, *www.agriturismoschifferegger.it*, in St. Sigmund/Kiens 86
Schwarzplentene Knödel: Gasthof Waldbichl, *www.waldbichl.com*, in Vöran 29 | Gasthaus Weißes Kreuz, *www.gasthaus-weisses-kreuz.it*, in Latzfons 63 | Brixner Hütte, *www.brixnerhuette.it*, in Vals 83
Buchweizen-Eis: Restaurant Finsterwirt, *www.finsterwirt.com*, in Brixen 69
Selbermachen: siehe S. 110

Schwuaßnudl

***

„Blut ist ein ganz besonderer Saft“, wusste schon Goethes Mephisto. Das finden auch die *Teldra*, die Bewohner des Ahrntals: Als Pendant zu den grünen Sommer-Bandnudeln mischten sie im Winter Schweineblut in den Nudelteig. Diese Blutnudeln zeugen von der Tradition, vom geschlachteten Tier konsequent alles zu verwerten. Auf den Bauernhöfen wurde meist nur einmal im Jahr, zur Winterzeit, geschlachtet, da sich das Fleisch dann länger hielt und am Hof weniger Arbeit anstand. Das *Schlachtigen* glich einem Festtag; alle Hände wurden gebraucht, um aus dem Schwein bzw. Rind → Speck, Würste und schmackhafte Gerichte herzustellen. Die Tierhaut wurde zu Leder, Borsten zu Pinseln und so mancher Schweinedarm zum Fußball. Unterm Jahr gab es selten Frischfleisch, umso mehr freute man sich auf Braten, Beuschel, Leberknödel und die Blutwurst – die schon in Homers „Odyssee“ erwähnt wird. Poetisch mutet auch die Bezeichnung *Schwuaßnudl* an – das Wort „Schweiß“ stand früher auch für Tierblut. Das Blut musste beim Saustechen sofort aufgefangen, mit sauberem Schnee gekühlt und beständig gerührt werden, sonst stockte es und die wertvolle, proteinreiche Zutat war ruiniert. Die Ahrntaler Blutnudeln wurden über dem Stubenofen getrocknet und so haltbar gemacht. Mit → Graukäse sind sie ein Hochgenuss.

Genießen: z. B. Gasthaus Lechner's in Runggen/St. Lorenzen (90) | Gasthof Pizzeria Schönberg, *www.pizzeria-schoenberg.com*, in Weißenbach/Ahrntal (101) | Neuwirt, *www.neuwirt.it*, in Steinhaus (102) – auf Anfrage | Restaurant Durnwald, *www.restaurantdurnwald.it*, in Pichl/Gsies (107)
Kaufen: In den Metzgereien des Ahrntals, z. B. Obermair, *www.metzgerei-obermair.com*, und Weger in Luttach (100) | Metzgerei Laner, *www.metzgereilaner.it*, in St. Georgen (95) | Hofladen Moserhof, *www.moserhof-ahrntal.com*, in Steinhaus (102) | Despar Pircher, *www.despar-pircher.it*, in Sand in Taufers (98) | Eggerhof, *www.eggerhof.it*, in Aldein (53)
Selbermachen: siehe S. 112

Spargel mit Bozner Sauce

***

Während oben auf den Bergspitzen noch der Schnee glitzert, schimmern unten im Tal, im Spargeldreieck Terlan-Siebeneich-Vilpian, auf manchen Feldern schützende Minitunnels: Darunter streben Spargelspitzen himmelwärts. Die humusreichen Sandböden des Etschtals sind perfekt für das königliche Gemüse, das hier schon seit Mitte des 19. Jahrhunderts gedeiht. Aktuell ernten die Terlaner Spargelbauern auf zehn Hektar zwischen Ende März und Ende Mai 65 Tonnen des mittlerweile unter dem Namen *Margarete* geschützten Markenspargels. Zusätzlich wird die empfindliche Frühlingssprosse in der Spargelenklave Kastelbell angebaut, wo sie etwas später reift als in den Etsch-Auen. Die Bozner Sauce soll vor 100 Jahren entstanden sein: Betuchte Bozner kamen zum Spargelessen nach Terlan und kombinierten diese mit selbst mitgebrachten, hart gekochten Eiern und Essig. Eine tüchtige Wirtin in Terlan überzeugte die unverfrorenen Städter mit einer eigenen Kreation, indem sie das Ei fein hackte und neben Essig mit Öl, Schnittlauch und Gewürzen verfeinerte. Seitdem wird die „Bozner Sauce" zu Spargeln gereicht.

Genießen: Zur Spargelzeit in ganz Südtirol, speziell bei den Terlaner Spargelwirten, *www.spargelwirte.it*, z. B. Restaurant Schützenwirt, *www.schuetzenwirt.it*, und Buschenschank Oberlegar in Terlan 31 | Restaurant Patauner, *www.restaurant-patauner.net*, in Siebeneich 33 | Außerhalb: Gasthof Oberlechner, *www.gasthofoberlechner.com*, in Vellau 19 | Restaurant Sigmund, *www.restaurantsigmund.com*, in Meran 21 | Gasthof Schwarzer Adler, *www.schwarzeradler-andrian.net*, in Andrian 32 | Gasthof Sonneck, *www.gasthaus-sonneck.it*, in Allitz/Laas (Kastelbeller Spargel) 6 | Spargelwochen in Terlan 31 und Kastelbell 11
Kaufen: Spargel und dazu passenden Spargelwein (Sauvignon) gibt es zur Erntezeit in der Kellerei Terlan 31, *www.cantina-terlano.com*, und in ausgewählten Geschäften: www.terlaner-spargel.com/verkaufsstellen
Selbermachen: Bozner Sauce, siehe S. 100

Speck

***

In hauchdünne Scheiben geschnitten und rot-weiß wie die Landesfahne glänzend ist er das unumstrittene Herzstück der *Marende* (Brotzeit am Nachmittag). Speck ist eine der traditionellsten Spezialitäten Südtirols. Symbolhaft steht er für die Südtiroler Scharnierfunktion zwischen Süd und Nord: Während im mediterranen Raum Fleisch traditionell luftgetrocknet wird, um es haltbar zu machen, wird es im Norden geräuchert. In Südtirol werden diese Techniken seit Jahrhunderten kombiniert. Die *Hammen* oder *Mezeter* (Schweinehälften) werden mit einer Gewürzmischung – ein stets streng gehütetes Familiengeheimnis – eingerieben und das Schweinefleisch einige Wochen in der *Surwanne* gepökelt. Anschließend werden die Speckseiten in der *Selchkuchl* etwa zwei Monate lang kalt geräuchert. Die finale Reifung erfolgt im Speckkeller, der nicht umsonst Bauernhimmel genannt wird. Hier baumelt das „Hausfleisch", bestehend aus Speck, Würsten und Selchfleisch, als bäuerliches Luxusgut von der Decke; mit ihm musste man früher das ganze Jahr lang auskommen. Den weißen „Fettanteil" des Specks wegzuschneiden gilt noch heute als kulinarische Sünde.

Genießen: z. B. Hofschank Schnalshuber in Oberplars/Algund 20 | Buschenschank Fronthof, *www.fronthof.com*, in Völser Aicha 55 | Buchenschank Buchner im Lajener Ried 60
Kaufen: In Feinkostläden und Metzgereien, z. B. Vinschger Bauernladen, *www.bauernladen.it*, in Naturns 13 | Siebenförcher, *www.siebenfoercher.it*, in Meran 21 und Brixen 69 | Pur Südtirol, *www.pursuedtirol.com*, in Meran 21, Bozen 43 und Bruneck 94 | Nigg, *www.metzgereinigg.com*, in Terlan 31 | Schrott, *www.schrott-food.it*, und Stampfl, *www.stampfl.bz.it*, in Bozen 43 | Metzgerei Windegger, *www.windegger.info*, in Bozen 43 und Eppan 45 | Feinkostladen Gut & Gerne in Sterzing 77 | Bernardi, *www.bernardi-karl.it*, in Bruneck 94
Infos zum Speck und Adressen der Hersteller von Südtiroler Speck g.g.A.: *www.speck.it*

Stockfischgröstl nach Bozner Art

***

Erst in gedörrtem bzw. eingesalzenem Zustand wurde der Kabeljau aus dem Nordatlantik in Regionen heimisch, die er sich bei lebendigem Leib niemals ausgesucht hätte: Portugal, Spanien und der Veneto wären dem Kaltwasserschwimmer schlichtweg zu heiß – Bozen zu fernab der See. Dort wurde der gut lagerbare Zuzügler als Stockfisch mit Kartoffeln kombiniert und zur typischen bürgerlichen Hausmannskost der Landeshauptstadt geadelt. Allerdings war der kostbare Fisch den katholischen Fasttagen vorbehalten, früher allwöchentlich am Freitag. Noch immer steht *Stockfischgreaschtl* mit Krautsalat am Aschermittwoch und Karfreitag auf dem Speiseplan. Von den Vorgaben des religiös motivierten Essensverzichts hat sich das Gericht mittlerweile emanzipiert und gilt als Bozner Spezialität.

Genießen: Bevorzugt in Traditionsgasthäusern in und um Bozen: z. B. Restaurant Weißes Rössl, *www.weissesroessl.org*, Wirtshaus Vögele, *www.voegele.it*, und Gasthof Schwarze Katz, *www.schwarzekatze.it*, in Bozen 43 | Restaurant Patauner, *www.restaurant-patauner.net*, in Siebeneich 33 | Berggasthof Dorfner, *www.dorfner.it*, in Montan 49 | Gasthof Krone, *www.gasthof-krone.it*, in Aldein 53

Selbermachen: siehe S. 111

Straubentest

***

Straubenduft ist Kirchtagsluft, denn das süße Kunstwerk aus Brandteig wird nur noch selten daheim gebacken. Umso gefragter sind Strauben auf dem Festplatz. Früher gab es lockere Strauben vor allem dann, wenn es um eine feste Bindung ging: Wer etwa in Kastelruth *Straub'm z'essn* ging, brach auf zur Brautwerbung. Die Strauben wurden allerdings nur im Falle einer Zusage serviert. Im Gadertal heißt das Gebäck *furtaies*. Hier wurde es traditionell am Vorabend der Hochzeit gebacken, wenn der Bräutigam für die letzten Vorbereitungen in das Haus der Braut kam. Wenn Nachbarjungen oder eifersüchtige Nebenbuhler es schafften, die *furtaies* zu stehlen, musste das aufwendige Backen von Neuem beginnen. Wehe aber, wenn die Strauben beim Herausnehmen aus dem Schmalz zerbrachen – dann standen die Zeichen für die Ehe schlecht. Nicht zufällig gilt noch heute ein Schuss Schnaps als Geheimzutat beim Straubenbacken. Als Stärkung für den Teig.

Genießen: Auf Kirchtagen, Wiesenfesten und Almen, insbesondere im Unterland rund um Altrei, Truden, Radein und Aldein: z. B. Cislonalm in Truden 51 | Isihütte, *www.isi.st*, in Radein 52 | Schmiederalm, *www.schmiederalm.it*, Schönrastalm und Gurndinalm, *www.gurndinalm.com*, in Aldein 53

Selbermachen: siehe S. 112

Striezl

***

„Als Sarner wird man geboren oder gestrickt“, so drücken die Bewohner des Sarntals ihren Stolz auf das eigene Tal und den traditionellen Wolljanker aus. Lange war das Tal aufgrund der schwer überwindbaren Schlucht nördlich von Bozen nur unter großen Anstrengungen erreichbar, dadurch haben sich bis heute bäuerliche Traditionen, eine unverwechselbare Tracht, der ureigene Dialekt mit den lang gezogenen Endungen auf -a und -ar und der *Sarnar Striezl* erhalten. Mit dem zuckerbestreuten Striezel, wie man ihn in Österreich kennt, hat der wenig gemeinsam. Im Gegensatz zum flaumigen Zopf handelt es sich bei diesem Gebäck um ein Fladenbrot, das mit → Speck gefüllt wird. Früher wurden auf den Bauernhöfen jeden Samstag *Striezl* gebacken. Unter höchster Konzentration: Denn obwohl die Zutaten einfach sind, erfordert die Zubereitung der luftigen Form viel Geschick. *Striezl* haben eine frappierende Ähnlichkeit mit einem *Sarnar Toppar*, den handgefertigten Pantoffeln aus Lodenstoff; eine ebensolche Konsistenz beim *Striezl* zu vermeiden zeichnet eine gute Sarner Bäuerin aus.

Genießen: Die Striezl-Expertinnen des Sarntals sind die Bäuerinnen des Caterings *Ollerhand Selbergmochts, www.selbergmochts.it,* in Durnholz 39 | Striezl to go: Würstelstand Pommes Luise an der Seilbahntalstation in Reinswald 38
Kaufen: Samstags auf dem Bauernmarkt in Sarnthein 37
Selbermachen: siehe S. 106

Tirtlan

***

Oben a Haut, unten a Haut und mittendrin a Hauf'n Kraut, so beschreibt ein Spruch die *Tirtlan* oder *Tirschtlan*, eine Form von herzhaften Krapfen, die vor allem im Osten des Landes beheimatet sind. Ungeachtet dessen, dass die Pustertaler den Eisacktalern die Erfindung des *Tirtls* streitig machen, wurde das erste dokumentierte *Tirtl* 1749 im einst getreidereichen Natz bei Brixen gebacken, also im mittleren Eisacktal. *Tirtlan* gab es traditionell am Samstagabend. Dabei war es ein besonderes Privileg, das erste *Tirtl* zu bekommen: das sogenannte *Vergelt's-Gott-Tirtl*; das stand jener Person zu, bei der man sich für eine Gefälligkeit besonders bedanken wollte. Je nach Jahreszeit veränderte sich die Füllung: Im Winter gab es meist saure *Tirtlan* mit *Zettelkraut* (Sauerkraut aus Weißkohl) oder mit Topfen und Kartoffelstampf. Das restliche Jahr über gab es grüne *Tirtlan*, etwa mit Spinat, Mangold, Klee oder Schnittlauch, gemischt mit Zwiebeln, Kartoffeln und Topfen. Das *Tirtl* hat meist die Größe eines Suppentellers und wird häufig zur → Gerstsuppe gereicht.

Genießen: z. B. Buschenschank Gschlössler, *www.gschloessler.com*, (freitags) in Vahrn 72 | Hofschank Schifferegger, *www.agriturismoschifferegger.it*, in St. Sigmund/Kiens 86 | Gasthaus Kofler am Kofl in Pfalzen 89, auf Bestellung | Gasthof Oberraut, *www.oberraut.it*, in Amaten/Bruneck 103 | Restaurant Tlò Plazores, *www.plazores.com*, in St. Vigil in Enneberg 91 | Gasthaus Maso Runch, *www.masorunch.it*, in Badia 93 | Gasthaus Moar, *www.gasthaus-moar.it*, in Oberwielenbach 104
Selbermachen: siehe S. 113

Villnößer Brillenschaf

***

Aus Villnöß stammt nicht nur der Extrembergsteiger Reinhold Messner, sondern auch die älteste Schafrasse Südtirols. Schafe gehören seit Jahrtausenden zu den wichtigsten Nutztieren im Alpenraum. Trittsicher und genügsam, liefern sie Milch, Fleisch, Leder und Wolle. Das Villnößer Schaf hat ein besonders feinfaseriges Fleisch und beste Wolle für den traditionellen Lodenstoff, dazu ist es mit seiner schwarzen „Brille" auch noch ziemlich schick. Die Anerkennung als *Presidio* der Slow-Food-Stiftung gab es allerdings nicht fürs Aussehen, sondern für den Erhalt der autochthonen Rasse. Das Villnößer Brillenschaf entstand schon im 16. Jahrhundert als Kreuzung zwischen dem Bergamasker- und Paduanerschaf. Als die Bauern zur Zeit des Faschismus gezwungen wurden, die lokalen Tiere durch ertragreichere Schafrassen zu ersetzen, und die Schafhaltung landesweit zurückging, wäre die Rasse beinahe ausgestorben. Zum Glück setzten sich ein paar bockige Villnößer für ihr Brillenschaf ein: Heute gibt es in den Dolomitentälern wieder 2.000 *Petscher*, wie die Rasse auch genannt wird; jährlich werden etwa 2.500 Jungtiere geboren. Und sicherheitshalber steht eine kleine Delegation im Innsbrucker Alpenzoo.

Genießen: Restaurant Pitzock, *www.pitzock.com*, in St. Peter/Villnöß 66 | weitere Villnößer und Eisacktaler Gastbetriebe vor allem während der „Lammwochen des Villnößer Brillenschafs" im Oktober
Kaufen: Fleischspezialitäten gibt es bei Furchetta, *www.furchetta.it*, Wollprodukte bei Naturwoll, *www.naturwoll.com*, in Villnöß 66 oder bei Pur Südtirol, *www.pursuedtirol.com*, in Meran 21, Bozen 43 und Bruneck 94.

Vinschger Paarl

***

Das Paarlbrot ist ein für Südtirol typisches Roggenbrot aus der ehemaligen Kornkammer Tirols, dem Vinschgau, deshalb auch *Vinschgerle*. Obwohl das Weißbrot schon früh von Süden und Norden hereindrängte und Weizenbrot von gut gestellten Leuten auch hierzulande konsumiert wurde, hat sich Südtirols Brotkultur über Jahrhunderte bewahrt. Weizen war Luxus, der widerstandsfähige Roggen hingegen wurde schon ab 800 v. Chr. in Südtirol angebaut und stand für das Männliche, für den Bauernstand selbst. Bauern buken etwa zweimal im Jahr Brot mit dem, was ihr Acker hergab – meist Roggen, aber auch Dinkel, Gerste, Hafer –, manchmal auch mit Kastanienmehl. Es galt: „Je dunkler das Brot, desto höher der Hof, desto ärmer der Bauer." Brot war ein Heiligtum, das Wegwerfen von Brotkrumen eine Todsünde. Die *Breatln* (Brotlaibe) wurden in der *Hurt* (Brotrahmen), auf dem Dachboden getrocknet; sie mussten bis zum nächsten Backtermin reichen. Mit der *Broatgråmmel* (Brotschneidevorrichtung) wurde das harte Brot in mundgerechte Stücke geschnitten; sie wurden als *Bröcklen* in Suppe, Milch und Kaffee getaucht. Das erste *Paarl* wurde im 13. Jahrhundert von den Mönchen des Klosters Marienberg gebacken: Die Doppelform sollte als Hochzeitsgeschenk die Vereinigung von Mann und Frau symbolisieren. Zum Leichenschmaus wurden nur halbe Paarlen gereicht. Getreide in flüssiger Form gibt es in Italiens erster Whisky-Destillerie Puni.

Kaufen: Bei Vinschger Bäckern, z. B. Schuster, *www.schuster.it*, in Laatsch 3 | Riedl in Glurns 4 | Hofer sowie Tröger in Laas 6 | Pilser in Kortsch 7 | Goldrainer Backstube in Goldrain 8 | aber auch bei Ultner Brot, *www.ultnerbrot.it*, in St. Walburg 26 | Pur Südtirol, *www.pursued-tirol.com*, in Meran 21, Bozen 43 und Bruneck 94 Puni, *www.puni.com*, produziert Whisky in Glurns 4.

Selbermachen: siehe S. 114

Voltruier Kaffee

***

Die heimliche Kaffeegrenze liegt für Südtiroler am Brenner: Aus dem Norden kommend, genießen sie traditionell an der ersten Raststätte auf italienischem Staatsgebiet einen „richtigen" Espresso oder Cappuccino. Dabei hat der Bohnenkaffee erst in der Zwischenkriegszeit Eingang in die bäuerlichen Haushalte Südtirols gefunden. Bis dahin wussten meist nur betuchte Städter, wie echter Bohnenkaffee schmeckt. Auf dem Land dienten warme Gebräue aus Gerste, Roggen, Feigen oder Zichorie als Ersatz. Ein Überbleibsel dieser Kaffeesurrogate ist die *Voltruier* (Altreier) Lupine, die im Bergdorf Altrei seit mindestens 150 Jahren angebaut wird. Die botanische Rarität und zwischenzeitlich fast vergessene Blaublütlerin wird heute wieder geschätzt. Zugegeben, mit einem italienischen Espresso hat das Getränk aus Lupinensamen wenig gemein. Da es aber viel Eiweiß, jedoch kein Gluten oder Koffein enthält, ist es eine bekömmliche Alternative zum *Kuchlkaffee* (meist eine Mischung aus Gerste und Bohnenkaffee), wie er noch heute in vielen Haushalten morgens oder zur *Marende* (Brotzeit) getrunken wird.

Genießen: In Gastbetrieben in Altrei 50: z. B. Gasthaus Kürbishof, *www.kuerbishof.it* (Kaffee und als Dessertvariation), Hotel Langeshof, *www.langeshof.com*, Restaurant Waldheim, *www.hotel-waldheim.com*
Kaufen: *Voltruier* Kaffee (Altreier Kaffee, Mischung aus Lupine mit Gerste, Weizen oder Feigen), Lupinen-Bier, Schnaps, Käse und Schokolade sowie Führungen mit Verkostung gibt es bei diversen Altreier Anbauern, z. B. bei Reiner Amort, *www.provinz.bz.it/altreierkaffee*, *info@altreierkaffee.it*, sowie im Coop-Geschäft in Altrei 50.

Waffeln von Loacker

***

Als Alfons Loacker 1925 in Bozen eine Konditorei eröffnete, hatte er vor allem eines im Kopf: Fußball. Um dafür möglichst viel Freizeit zu haben, spezialisierte er sich auf einzeln verpacktes, haltbares Trockengebäck wie Haselnusstörtchen und Dessertwaffeln und wurde damit stadtbekannt. Auf der Suche nach frischer Luft und mehr Natur zog das Familienunternehmen 1974 auf das Rittner Hochplateau – ein traditioneller Sommerfrische-Ort, an dem schon im 17. Jahrhundert wohlhabende Bozner in den heißen Monaten Abkühlung fanden. Aus der kleinen Konditorei ist mittlerweile die wohl bekannteste kulinarische Exportmarke Südtirols geworden: Die knusprigen Loacker-Waffeln – mit Südtirols Symbolberg Schlern im Logo – gibt es weltweit in über 100 Ländern. Während Italiener die klassischen *Napolitaner* mit Haselnusscreme lieben, bevorzugen Südkoreaner die Schokoladetafeln mit Waffel und Amerikaner die würfelförmigen *Quadratini*. Pro Jahr produziert Loacker rund 37.000 Tonnen Waffel- und Schokoladenspezialitäten. Unter dem Motto „natürlicher Genuss" wird dabei auf Nachhaltigkeit und hochwertige Rohstoffe gesetzt und auf Aromen, Farbstoffe oder Konservierungsstoffe verzichtet. Die Haselnüsse, die im Hause Loacker selbst geröstet werden, stammen ausschließlich aus Italien, zum Teil sogar aus Eigenanbau.

Genießen & Kaufen: Waffelkreationen und Schokoladenfeingebäck, Eis und eine hauseigene Kaffeemischung des Unterinner Betriebs 41 gibt es in den Loacker Café-Konditoreien (Bozen 43, Trient, Verona, Bergamo, Heinfels, Innsbruck und am Brenner 75) zu verkosten, jeweils mit Loacker Markengeschäft, *www.loacker.com*; ansonsten in fast jedem Supermarkt Südtirols und auf fünf Kontinenten erhältlich.

Wein

***

Südtirol gehört zu den ältesten Weinbaugebieten Europas. Angeblich hat der römische Kaiser Augustus die in den Alpen lebenden Räter nur angegriffen, weil er deren Wein liebte. Am Südbalkon der Alpen wurde Wein damals schon in Holzfässern gelagert, während die Römer ihren Rebsaft noch in Amphoren füllten. Nachdem die Römer auf der Via Claudia Augusta über die Alpen in den Norden gezogen waren, gelangten neue Rebsetzlinge ins Land. Zu einem tragenden Wirtschaftsfaktor wurde der Weinbau aber erst während der Habsburgermonarchie. Vom Ersten Weltkrieg bis in die 1980er-Jahre war der lokale Weinbau immer wieder krisengebeutelt. Heute genießt Südtiroler Wein einen exzellenten Ruf. Aus 5.400 Hektar Weinbaufläche werden jährlich um die 350.000 Hektoliter Wein gekeltert, 60 Prozent davon sind Weißweine. Die Vielfalt der Böden und Höhenlagen zwischen 200 und 1.000 Metern im Etsch- und Eisacktal schaffen das jeweils perfekte Terroir für 20 Rebsorten: Autochthon sind die Rotweine Vernatsch und Lagrein sowie der weiße Gewürztraminer. Insgesamt gibt es rund 5.000 Weinbauern, 70 Prozent des Weins keltern Kellereigenossenschaften, den Rest Betriebe im Verband „Südtiroler Weingüter“ sowie die „Freien Weinbauern Südtirols“.

Genießen: Überall in Südtirol, insbesondere in den Vinum Hotels, *www.vinumhotels.com*, und in den Betrieben der Kooperationsgruppe „Südtiroler Gasthaus“, *www.gasthaus.it*
Kaufen: In Kellereigenossenschaften, bei Direktvermarktern, in Vinotheken: z. B. Meraner Weinhaus, *www.meranerweinhaus.com*, in Meran 21 | Winestore, *www.weindiele.com*, in Kardaun bei Bozen 44 | Hofer Market, *www.hofermarket.it*, in Sterzing 77 | Harpf, *www.harpf.it*, in Bruneck 94 und bei Pur Südtirol, *www.pursuedtirol.com*, in Meran 21, Bozen 43 und Bruneck 94 – Adressen von Produzenten, Infos zu Sorten, Anbaugebieten, Veranstaltungen: *www.suedtirolwein.com*
Erleben: Südtiroler Weinmuseum, *www.weinmuseum.it*, in Kaltern 46

Weinsuppe

***

Eine Weinsuppe wurde schon im antiken Rom den Kranken und den Wöchnerinnen eingeflößt. Auch in Südtirol wurde sie als Heilmittel eingesetzt. Ansonsten gab es sie nur an Feiertagen und in der herrschaftlichen Küche, denn der gute Rebensaft war nicht nur teuer, sondern lange Zeit Klerus und Adel vorbehalten. Noch im 20. Jahrhundert begnügten sich Bauern mit dem weitaus günstigeren *Leps* – ein Ausdruck, mit dem heute umgangssprachlich Wein von zweifelhaftem, säuerlichem Geschmack bezeichnet wird. *Leps* war aber eine – freilich minderwertigere – eigene Sorte Wein: Nachdem der Traubensaft mitsamt Trester im Holzfass gegoren hatte und der junge Wein in ein anderes Fass übersiedelte, füllte man in das Fass mit den Trestern Wasser und zuckerte das Gebräu für eine zweite Gärung. Bauern tranken diesen leichten Wein bei der beschwerlichen Arbeit, Knechte bekamen ihn sogar als Teil der Bezahlung. Da der hohe Schwefelgehalt gesundheitliche Schäden verursachen kann, wurde die Herstellung 1932 verboten. Für die Weinsuppe empfiehlt sich ohnehin eine gute Flasche Südtiroler Weißwein – die Lage des Weinberges entscheidet, ob es eine Terlaner oder eine Eisacktaler Weinsuppe wird.

Genießen: In Restaurants und Buschenschänken der Südtiroler Weinanbaugebiete: Buschenschank Röck, *www.roeck.bz*, in Villanders 62 | Wanderhotel Cyprianerhof, *www.cyprianerhof.com*, in Tiers 56 | Restaurant Turmwirt, *www.turmwirt-gufidaun.com*, in Gufidaun 65 | Restaurant Finsterwirt, *www.finsterwirt.com*, in Brixen 69 | Hotel Hochrain, *www.hochrain.com*, in Raas/Natz-Schabs 73 | Restaurant Stafler, *www.stafler.com*, in Mauls 81
Selbermachen: siehe S. 100

SÜDTIROLER
ALTO ADIGE

Zelten

***

Es ist gewiss dem frühen Wohlstand der Bozner Kaufmannsfamilien, dem ausgiebigen Handel und der Nähe zum Süden zu verdanken, dass unter all den Früchtebroten der *Bozner Zelten* schon seit dem Spätmittelalter als feinste Variante bekannt ist. Das weihnachtliche Brot war bereits damals so fürstlich gespickt, dass es als Fruchtbarkeitssymbol galt und sogar Sigmund der Münzreiche und dessen Gemahlin damit beschenkt wurden. Für Bauern war der Zelten hingegen lange der einzige Luxus zur Weihnachtszeit. Die Zubereitung fand traditionell am Thomastag (21. Dezember) statt. Je nach Wirtschaftslage des Haushalts wurden dem Teig Dörrobst, Südfrüchte, Nüsse und Gewürze zugefügt und daraus ein großer Familienzelten sowie kleinere Laibe für alle Hausbewohner inklusive Dienstboten gebacken. Der Familienzelten wurde frühestens am Stephanstag (26. Dezember), häufig erst am Dreikönigstag, nach den drei Raunächten, angeschnitten. Die Mägde aber machten das heimlich und nachts, denn der *Scherz*, der Anschnitt, war für ihren Liebsten. Erhaschte der Verehrte die Liebeserklärung aufgrund von Aufpassern nicht und landete stattdessen im Brunnentrog, hatte er sich seine Aussichten bis auf Weiteres verscherzt.

Kaufen: Zur Weihnachtszeit in Bäckereien und Konditoreien sowie auf den Südtiroler Christkindlmärkten: z. B. Ultner Brot, *www.ultnerbrot.it*, in St. Walburg (26) | Bäckerei Grandi in Bozen (43) | Natur-Backstube Profanter, *www.profanter.it*, in Brixen (69)
Selbermachen: siehe S. 115

Rezepte

***

Apfelkiechl

Für 4 Personen: 150 g Mehl | 2 Eigelb | ⅛ l Weißwein | 1 Prise Salz | 1 EL Obstler | 2 Eiweiß | 3–4 Äpfel | Öl | 1 EL Zucker und ½ TL Zimt zum Anrichten

Mehl, Eigelb, Weißwein, Salz und Obstler zu einem glatten Teig verrühren. Eiweiß steif schlagen und unter die Masse heben. Von den Äpfeln das Kernhaus ausstechen. Äpfel im ungefähr 1 cm dicke Scheiben schneiden, Apfelscheiben einzeln durch den Teig ziehen. In heißem Öl schwimmend ausbacken. Herausnehmen und auf einem Küchenpapier abtropfen lassen. Zucker und Zimt vermischen und die Apfelkiechl damit bestreuen.

Aus: Frieder Blickle/Isolde von Mersi: Schneemilch & Pressknödel. Südtiroler Bäuerinnen und ihre Rezepte. Bozen/Wien: Folio Verlag 2015 – Rezept von Benedikta Zwerger Pechlaner, Kinig in Signat/ Ritten

Apfelstrudel

Ziehteig: 150 g Mehl | 50 ml lauwarmes Wasser | 1 Ei | 1 Prise Salz | 2 TL Öl | Füllung: 10 mittelgroße Äpfel | Saft von ½ Zitrone | etwas Rum | 30 g Rosinen | 20 g Pignoli | 1 Msp. Zimt | 80 g Zucker | abgeriebene Zitronenschale | 50 g geröstete Semmelbrösel

Alle Zutaten in einer Schüssel vermischen und zu einem glatten Teig kneten. Mit Öl bepinseln, damit keine Kruste entsteht, und 30 Minuten rasten lassen.
Die Äpfel entkernen und schälen. Feinblättrig schneiden und mit den Zutaten, außer den Bröseln, vermischen. Etwas ziehen lassen.
Den Ziehteig auf einem bemehlten Tuch hauchdünn ausziehen. Ein Drittel mit den Bröseln bestreuen, die Füllung darauf verteilen und den restlichen Teig mit zerlassener Butter bepinseln. Alles zusammen einrollen. Auf ein mit Pergamentpapier ausgelegtes Blech legen, mit Ei bestreichen und hellbraun backen (35 Minuten bei 180° C).

Aus: Südtiroler Bäuerinnenorganisation, *www.baeuerinnen.it* – Rezept von Veronika Mahlknecht Stampfer, Stampferhof in Völs am Schlern

Bauerngröstl

Für 4 Personen: 1 kg festkochende rote Kartoffeln | ⅛ l Öl | 150 g Butter | 2 mittelgroße Zwiebeln, in feine Würfel geschnitten | 1 Knoblauchzehe, fein geschnitten | Salz | Pfeffer aus der Mühle | 5–6 Lorbeerblätter | ½ kg Rindfleisch, gekocht | zum Anrichten: 1–2 EL Petersilie, fein gehackt

Kartoffeln mit Schale kochen, Wasser abgießen und Kartoffeln gut auskühlen lassen. Schälen und in nicht zu dünne Scheiben schneiden. In einer großen Pfanne Öl und Butter erhitzen. Kartoffeln dazugeben und bei starker Hitze auf einer Seite gut anbraten. Dann Zwiebeln und Knoblauch mit andünsten. Wenn die Kartoffeln schön gebräunt sind, wenden, salzen, pfeffern und Lorbeerblätter dazugeben. Das gekochte Rindfleisch in feine Streifen schneiden und unter die Kartoffeln mengen, ungefähr 5 Minuten mitbraten.
Bauerngröstl auf einer vorgewärmten Servierplatte oder auf Tellern anrichten und mit reichlich Petersilie bestreuen.

Aus: Frieder Blickle/Isolde von Mersi: Schneemilch & Pressknödel. Südtiroler Bäuerinnen und ihre Rezepte. Bozen/Wien: Folio Verlag 2015 – Rezept von Elisabeth Schweigl, Falschauer in St. Gertraud/Ulten

Bozner Sauce

4 Eier | Samenöl | etwas Senf | Salz | frisch gemahlener Pfeffer | etwas Weißweinessig | Schnittlauch, fein geschnitten

Die Eier ca. 8 Minuten kochen und unter fließendem Wasser abkühlen, schälen. Das Eiweiß fein hacken, das Eigelb mit etwas Öl, Senf, Salz und Pfeffer vermengen und wenig Weißweinessig beimengen. Zuletzt Schnittlauch und Eiweiß dazugeben, abschmecken. Als Beilage zu gekochtem Spargel reichen.

Rezept: nach *www.suedtirolerspezialitaeten.com*

Cajincí arestis

Für 4 Personen: für den Vorteig: 25 g Germ (Hefe) | 2 EL Mehl | 1 TL Zucker | etwas Milch | für die Füllung: 100 g Mohn, gemahlen | 1 TL Honig | 1 EL Topfen | für den Teig: 500 g Mehl | 2 mittelgroße Kartoffeln gekocht und püriert | 2 Eier | etwas Öl oder zerlassene Butter | 180 ml Milch | Salz

Den Germ für den Vorteig zerbröckeln, Zucker, Mehl und lauwarme Milch dazugeben und gut vermischen. Das Ganze mit einem Tuch abdecken und an einem warmen Ort 10 Minuten gehen lassen.
Alle Zutaten für die Füllung gut vermischen.
Dann in einem hohen Gefäß die Zutaten für den Teig samt dem Vorteig vermischen und durchkneten, bis die Klümpchen verschwinden und der Teig sich vom Gefäß löst. An einem warmen Ort 20 Minuten gehen lassen.
Aus dem Teig eine große Rolle formen, davon kleine Stücke abschneiden und diese flachdrücken. In ihrer Mitte 1 TL Mohnfüllung geben und den Teig halbmondförmig zusammenfalten. Dann die Ränder fest zusammendrücken. 20 Minuten warten und die *Cajincí* in heißem Öl frittieren.

Rezept: Rosa Clara Piccolruaz vom Bauernhof Alfarëi in Badia

Eisacktaler Weißweinsuppe

Für 4 Personen: 4 Scheiben Toastbrot, ohne Rinde | 1 EL Butter | ¼ l Rindsuppe | ½ l Weißwein (z. B. Riesling oder Müller-Thurgau) | 3 Eigelb | 80 ml Sahne | Salz | 1 Msp. Muskat | 1 Msp. Zimt | zum Anrichten: 250 ml Sahne, geschlagen

Toastbrot in kleine Würfel schneiden, in Butter goldgelb braten, auf Küchenpapier abtropfen lassen. Rindsuppe erhitzen und zusammen mit Weißwein in eine Metallschüssel geben. Eigelb und Sahne verrühren und in die Suppe geben. Auf dem heißen Wasserbad erhitzen

und so lange mit dem Schneebesen schlagen, bis die Suppe schön cremig ist. Mit Salz, Muskat und Zimt abschmecken. Fertigstellung: Suppe in Teller gießen und mit den Brotcroûtons servieren.
Tipp: Wenn Sie die Eier-Sahne-Mischung zur Suppe geben, dann darf diese auf keinen Fall mehr kochen, da sonst das Eigelb gerinnt. Deshalb muss die Suppe unbedingt auf dem Wasserbad cremig aufgeschlagen werden.

Aus: Frieder Blickle/Isolde von Mersi: Schneemilch & Pressknödel. Südtiroler Bäuerinnen und ihre Rezepte. Bozen/Wien: Folio Verlag 2015 – Rezept von Frieda Augschöll, Röck in Villanders

Erdäpfelblattln mit Kraut

Für 6 Personen: für die Blattln: 1 kg Kartoffeln | 1 EL Butter | 1 Ei | 500 g Mehl | Salz | Öl | für das Sauerkraut: ½ kg frisches Sauerkraut | ⅛ l Wasser | 1 Lorbeerblatt | 1 TL Kümmel | Salz | Pfeffer aus der Mühle | 1 EL Butter | 1–2 TL Mehl

Blattln: Kartoffeln mit Schale kochen, schälen und durch die Kartoffelpresse drücken. Butter, Ei und nach und nach das Mehl einrühren, mit Salz würzen. Alles gut zu einem Teig verkneten. Teig auf einer bemehlten Arbeitsfläche ungefähr 0,5 cm dick ausrollen. Mit dem Teigrad Rechtecke abradeln. Öl erhitzen. *Erdäpfelblattln* darin schwimmend auf beiden Seiten goldbraun ausbacken. Herausnehmen und auf Küchenpapier abtropfen lassen.
Sauerkraut: Sauerkraut waschen und gut ausdrücken. Mit Wasser, Lorbeerblatt und Kümmel in einen Topf geben, mit Salz und Pfeffer

würzen und weich kochen. Butter in einer Pfanne zerlassen, Mehl einrühren und erhitzen. Mehlschwitze anschließend zum Sauerkraut geben, damit es leicht bindet.
Fertigstellung: Erdäpfelblattln zusammen mit Sauerkraut auf Tellern oder einer Servierplatte anrichten.

Aus: Frieder Blickle/Isolde von Mersi: Schneemilch & Pressknödel. Südtiroler Bäuerinnen und ihre Rezepte. Bozen/Wien: Folio Verlag 2015 – Rezept von Erica Clement Pitscheider, Sotciastel in Abtei

Gerstsuppe

Für 6 Personen: 2 mittelgroße Kartoffeln | 2 Karotten | 200 Gerste | 800 g geräucherte Schweinsrippe | 1 Knoblauchzehe | 2 l Gemüsebrühe | Salz | Pfeffer aus der Mühle

Kartoffeln und Karotten waschen, schälen und in kleine Würfel schneiden. Zusammen mit Gerste, Schweinsrippe und Knoblauch in Gemüsebrühe 40 Minuten kochen lassen. Schweinsrippe herausnehmen, Fleisch vom Knochen lösen und in kleine Würfel schneiden. Wieder in die Suppe geben. Mit Salz und Pfeffer würzen.

Aus: Frieder Blickle/Isolde von Mersi: Schneemilch & Pressknödel. Südtiroler Bäuerinnen und ihre Rezepte. Bozen/Wien: Folio Verlag 2015 – Rezept von Anna Moosmair, Niederstein in St. Leonhard in Passeier

Kaspressknödel

Für 4 Personen: 30 g Zwiebeln, in feine Würfel geschnitten | 20 g Butter | 100 g reifer, würziger Graukäse | 150 g Knödelbrot (altbackenes Weißbrot) | 2 Eier | 100 ml Milch | 2 EL Schnittlauch, fein geschnitten | Salz | Pfeffer aus der Mühle | 1 EL Mehl | Öl | zum Anrichten: 20 g junger, weißer Graukäse, zerbröselt | 2 EL Schnittlauch, fein geschnitten | 30 g Butter

Zwiebeln in Butter anschwitzen. Graukäse in kleine Würfel schneiden und zu den Zwiebeln geben, damit er schmilzt. Alles zum Knödelbrot geben. Eier mit Milch und Schnittlauch verrühren, über das Knödelbrot gießen. Mit Salz und Pfeffer würzen und kräftig vermischen. Mehl dazugeben und die Masse so lange kneten, bis ein geschmeidiger Teig entsteht, der nicht auseinanderfällt, 1 Stunde ruhen lassen. Mit nassen Händen Knödel formen und flach drücken. Öl in einer Pfanne erhitzen und die Laibchen darin goldbraun braten, anschließend in reichlich Salzwasser ungefähr 10 Minuten ziehen lassen. Pressknödel auf einer Servierplatte anrichten, mit zerbröseltem Graukäse und Schnittlauch bestreuen und mit zerlassener Butter beträufeln.

Aus: Frieder Blickle/Isolde von Mersi: Schneemilch & Pressknödel. Südtiroler Bäuerinnen und ihre Rezepte. Bozen/Wien: Folio Verlag 2015 – Rezept von Marlies Leitgeb, Eggerhöfe in Antholz-Mittertal

Kastelruther Krapfen

Für 50 Krapfen: 3 EL Sahne | 500 ml Milch | 100 g zerlassene Butter | 2 Eier | 1 kg Weizenmehl | etwas Salz | für die Füllung: 500 g Dörrbirnen | 200 g Zwetschgenmarmelade | 1 TL Zimt | Erdnussöl zum Backen | Zuckeranis

Für den Teig Sahne, Milch, zerlassene Butter, Eier verrühren. Mehl mit dem Salz dazu mischen. Den Teig gut verkneten und 2 Stunden rasten lassen. Für die Füllung die Dörrbirnen weich kochen, abkühlen lassen, mit der Marmelade mischen, passieren und mit Zimt abschmecken. Den Teig dünn austreiben, eine Hälfte mit Füllung bestreichen, mit einer anderen Hälfte abdecken, die Teigränder zusammendrücken und dann Vierecke oder Rechtecke abradeln.
Im Erdnussöl schwimmend bei 160° C herausbacken. Mit Zuckeranis bestreuen

Rezept: Südtiroler Bäuerinnenorganisation, *www.baeuerinnen.it*

Kniekiechl

Für 40 Stück: 100 g Butter | 500 ml Milch | 60 g Germ (Hefe) | 5 Eigelb | 100 g Zucker | 15 g Salz | Schale 1 Zitrone (gerieben) | 1 Vanilleschote | 2 Schnapsgläser Apfel- oder Birnenbrand | 1 kg Weizenmehl | Öl zum Backen

Die Butter erwärmen und dann die Milch dazugeben, bis sie lauwarm ist. Den Germ einrühren. Eigelb, Zucker, Salz, Zitronenschale, Vanilleschote und Schnaps in einer Schüssel mit dem Mehl vermischen. Dann die Butter-Milch-Germ-Mischung dazugeben und so lange kneten, bis sich der Teig von der Schüssel löst. Den Teig in 40 Stücke teilen und zu Kugeln formen, auf ein bemehltes Schneidebrett geben, ein Tuch darüberlegen und 45 Minuten ziehen lassen. Dann die Teigkugeln flach drücken und mit den Fingern rundherum etwas ausziehen. Sie sollten am Rand dicker sein und in der Mitte dünner. Die *Kniekiechl* in heißem Öl backen.

Aus: Roter Hahn, *www.roterhahn.it* – Rezept von Bäuerin Rosa Kainzwaldner vom Roten-Hahn-Buschenschank Pschnickerhof bei Villanders

Marillenknödel (aus Kartoffelteig)

Für 4 Personen: 400 g gekochte Kartoffeln | 175 g Mehl | 50 g Butter | 5 EL Hartweizenmehl | 3 Eier | 1 Prise Salz | weiters: 16 Marillen | 16 TL Zucker |20 g Zucker | 1 TL Zimt | 50 g Brotbrösel | 75 g Butter | Butter

Die noch warmen Kartoffeln pressen und mit Mehl, Butter, Hartweizenmehl, Eier und Salz verkneten. Die Marillen entkernen und jeweils mit einem Teelöffel Zucker füllen. Die Marillen mit dem Kartoffelteig umhüllen, in kochendes Salzwasser legen und 5 Minuten ziehen lassen. Zucker, Zimt und Brotbrösel vermischen, die Knödel darin schwenken und auf Tellern anrichten. Mit zerlassener, gebräunter Butter übergießen und servieren.

Aus: Roter Hahn, *www.roterhahn.it* – Rezept von Anni Fieg vom Roten-Hahn-Buschenschank Rauthof bei Meran

Muas

Für 4 Personen: für das *Woaznmuas*: 500 ml Milch | 1 Prise Salz | 70 g Weizenvollkornmehl | Butter | für die Hollermulla: 1 kg reife Hollerbeeren | 2–3 Äpfel (z. B. Jonagored) | 2–3 EL Zucker

Woaznmuas: Milch in einer Eisenpfanne (21 cm Ø) erhitzen, salzen. Mehl langsam dazugeben. Alles bei schwacher Hitze so lange köcheln lassen, bis sich am Pfannenboden eine braune Kruste bildet. Butter in einem Topf zerlassen und über das Muas gießen.
Holermulla: Hollerbeeren (Holuunderbeeren) im Dampfentsafter entsaften. Äpfel schälen und in Spalten schneiden. Zusammen mit Hollersaft und Zucker in einen Topf geben und so lange auf kleiner Flamme kochen, bis eine marmeladenartige Konsistenz erreicht ist. *Muas* in der Pfanne servieren, wobei echte *Muas*-Pfannen aus Eisen sind. *Holermulla* dazu reichen.

Aus: Frieder Blickle/Isolde von Mersi: Schneemilch & Pressknödel. Südtiroler Bäuerinnen und ihre Rezepte. Bozen/Wien: Folio Verlag 2015 – Rezept von Benedikta Zwerger Pechlaner, Kinig in Signat/Ritten

Nigilan

Für 4 Personen: 20 g Germ (Hefe) | 250 ml warme Milch | 500 g Weizenmehl | 3 EL Zucker | 1 Prise Salz | 4 Eigelb | 100 g Butter | 1 cl Rum | 2 EL Anis | 500 ml Sonnenblumenöl | zum Anrichten: Honig | essbare Blüten

Hefe mit der warmen Milch und 2 EL Mehl zum Dampfl verrühren, zugedeckt an einem warmen Ort 15 Minuten gehen lassen.
Das Dampfl mit dem restlichen Mehl, Zucker, Salz, Eigelb, Butter, Rum und Anis vermengen und so lange kneten, bis der Teig Blasen wirft. Abgedeckt bei Zimmertemperatur gehen lassen, bis sich das Teigvolumen verdoppelt hat. *Nigilan* formen und in 180° C heißem Sonnenblumenöl schwimmend ausbacken. *Nigilan* auf Tellern anrichten, mit Honig begießen und mit Blüten garnieren.
Tipp: Die Zutaten für den Hefeteig sollten Zimmertemperatur haben.

Aus: Anna Matscher: Schnittlauch statt Petersilie. Lust auf Kochen mit Südtirols Sterneköchin. Wien/Bozen: Folio Verlag 2017

Sarner Striezl

Für ca. 20 Stück: 500 g Roggenmehl | 150 g Weizenmehl | 25 g Hefe | 150 ml Milch | 150 ml Wasser (beides lauwarm) | 15 g Salz | 2 EL Schnittlauch, fein geschnitten | Backfett zum Backen

Das Mehl in eine Schüssel geben und in die Mitte die Hefe hineinbröckeln. Vom Wasser-Milch-Gemisch eine Tasse voll auf die Hefe schütten, in der Mitte einen kleinen weichen Vorteig machen und diesen etwa 15 Minuten aufgehen lassen.
Das restliche Wasser-Milch-Gemisch und das Salz dazu mischen, verrühren und auf einem Nudelbrett zu einem glatten Teig kneten. Den Teig in die Schüssel zurücklegen und etwa 20 Minuten zugedeckt aufgehen lassen. Danach wieder auf das Brett legen, den Schnittlauch dazugeben und wieder kneten. Aus dem Teig eine Rolle formen (etwa 6 cm Ø) und in etwa 5 cm lange Stücke schneiden. Die Teigstücke in 5 mm dicke längliche Scheiben ausrollen und in der Randzone mit Handdruck verfestigen, damit der Innenraum später beim Backen aufgeht. Auf einem Brett ein bemehltes Tuch ausbreiten, die *Striezl* darauflegen und an einem warmen Ort zugedeckt nochmal 20 Minuten aufgehen lassen. Dann wenden und vor dem Einlegen in das sehr heiße Fett (200° C) einen länglichen Schnitt in den *Striezl* einritzen. Beim Backen liegt der Schnitt oben, bis der *Striezl* aufbricht. Der *Striezl* hat jetzt die obere Fläche offen; nun wenden und kurz fertig backen. Backzeit: etwa 1 Minute.

Rezept: Bäuerinnen von *Ollerhond Selbergmochts*, *www.selbergmochts.it*

Saure Suppe à la Herbert Hintner

Für 4 Personen: 1½ kg gekochte Kutteln vom Kalb (Krause- und Blättermagen) | 100 g Karotten | 100 g Zucchini | 100 g Sellerieknolle | 100 g Zwiebeln | Olivenöl | 50 g Tomatenmark | 5 Lorbeerblätter | 3 l Gemüsefond | Kräuter (Rosmarin, Basilikum, Majoran, Thymian, Petersilie) | 2 El Knoblauchöl (Knoblauch und Sonnenblumenöl aufgemixt) | Salz | Pfeffer | Schnittlauch, fein geschnitten

Die gekochten Kutteln in Streifen schneiden. Karotten, Zucchini, Sellerie und Zwiebeln ebenfalls in Streifen schneiden und in Olivenöl andünsten. Das Tomatenmark dazugeben und leicht anrösten. Die Kutteln zum Gemüse geben. Lorbeer dazugeben. Mit Gemüsefond aufgießen und ca. 30 Minuten kochen lassen. Mit fein geschnittenen Kräutern, Knoblauchöl, geschmorten Tomaten, Salz und Pfeffer abschmecken. Die Lorbeerblätter entfernen. Die Saure Suppe in Teller füllen, mit Schnittlauch bestreuen und servieren.

Aus: Herbert Hintner: Meine Südtiroler Küche. Alpin-mediterrane Genüsse. Bozen/Wien: Folio Verlag [3]2011

Schlutzkrapfen

Für 4 Personen: für den Teig: 125 g Roggenmehl | 125 g Weizenmehl | 2 Eier | 30 g Butter | 100 ml lauwarme Milch | für die Füllung: 300 g Blattspinat (oder 200 g Tiefkühl-Spinat) | 1 Zwiebel | 1 Knoblauchzehe | 2 EL Olivenöl | 50 g Parmesan, gerieben | 100 g Topfen (Quark) | Salz | Pfeffer | Muskatnuss | zum Anrichten: Schnittlauch, fein geschnitten | 50 g Parmesan, gehobelt | 50 g Butter

Für den Teig das Mehl auf ein Nudelbrett sieben, die Eier dazugeben. Die Butter in der lauwarmen Milch schmelzen lassen. Die Milch zum Mehl geben und alles zu einem geschmeidigen Teig verkneten. Den Teig eine Stunde im Kühlschrank ruhen lassen.
Für die Füllung die Zwiebel und den Knoblauch klein hacken und in einem Topf mit Olivenöl andünsten. Den gewaschenen und gut abgetropften Spinat dazugeben, mit Salz und Pfeffer würzen und einige Minuten weich dünsten. Kurz abkühlen lassen, mit den Händen ausdrücken, passieren oder klein hacken. Den Topfen untermischen, mit Salz und Pfeffer würzen und mit Parmesan und Muskatnuss verfeinern.
Den Nudelteig auf einem bemehlten Brett dünn ausrollen und kreisförmige Teigblätter (7–8 cm Ø) ausstechen. In die Mitte der Teigblätter etwas von der Spinatfüllung geben, den Teig zu Halbmonden zusammenfalten, die Enden mit den Fingerkuppen zusammendrücken. Die Schlutzkrapfen in kochendes Salzwasser geben und 4–5 Minuten kochen lassen, herausnehmen, in einem Sieb abtropfen lassen und auf einem Teller anrichten. Den gehobelten Parmesan und den Schnittlauch darüberstreuen sowie mit hellbrauner Butter begießen.

Aus: Anneliese Kompatscher/Tobias Schmalzl: Südtirols Küche – raffiniert einfach. Bozen/Wien: Folio Verlag 2010

Schnalser Nudeln

Für 4 Personen: 250 g Quark (Magertopfen) | 220 g Roggenmehl | Salz | Butter zum Braten | außerdem: 200 g Karotten | Schnittlauch | alternativ: Preiselbeermarmelade

Aus Quark, Roggenmehl und Salz einen festen Teig kneten und etwas rasten lassen. Mithilfe einer Nudeldruck den Teig zu dünnen Nudeln verarbeiten. Selbstverständlich können Sie den Teig auch mit einer Nudelmaschine in dünne Teigblätter ausrollen und in feine Nudeln schneiden.
Die Nudeln 10–15 Minuten in einer Pfanne mit Butter ziemlich knackig braten. Die Karotten in etwas Butter dünsten und mit dem

Schnittlauch zu den Nudeln geben. Wer es süß mag, verwendet anstelle der Karotten Preiselbeermarmelade.

Rezept: Bäuerinnenorganisation Schnals

Schöpsernes

1,5 kg Schöpsenschulter (Hammel), ausgelöst | ½ Tasse Öl | 2 Zwiebeln | 2 Knoblauchzehen | Salz | Pfeffer | ½ l Rotwein | je 1 kleiner Zweig Rosmarin, Salbei, Lorbeer | 600 g Kartoffeln

Das Fleisch in große Stücke schneiden und in heißem Öl mit den geviertelten Zwiebeln und dem Knoblauch anbraten. Salzen und pfeffern. Den Rotwein eingießen, die Kräuter zufügen und zugedeckt ca. 1 Stunde schmoren lassen. ½ Stunde vor Ende der Garzeit die Kartoffeln schälen, in dicke Scheiben schneiden, in den Topf geben und zu Ende garen. Falls notwendig, noch einmal würzen.

Rezept: Bäuerinnen von *Ollerhond Selbergmochts*, *www.selbergmochts.it*

Schüttelbrot

Für 10 Schüttelbrote: Vorteig: 5 g Hefe | 250 ml warmes Wasser | 250 g Roggenmehl | Teig: 500 g Roggenmehl | 250 g Weizenmehl | 850 ml warmes Wasser | 20 g Hefe | 20 g Salz | 5 g Fenchelsamen | 5 g Kümmel | evtl. 5 g Zigeunerkraut/Brotklee

Für den Vorteig Hefe in Wasser (ca. 30° C) auflösen und mit Roggenmehl zu einem weichen Teig verrühren. Bei ungefähr 30° C etwa 1 Stunde ruhen lassen. Vorteig mit den restlichen Zutaten in der Küchenmaschine zu einem zähflüssigen Teig verkneten, noch einmal ungefähr 10–15 Minuten ruhen lassen. Danach etwa 150 g schwere Teigstücke auf mit Mehl bestäubte Küchentücher legen und in einem Raum mit hoher Luftfeuchtigkeit weitere 10 Minuten ruhen lassen. Anschließend Teigstücke auf ein flaches, rundes Brett legen und so lange schütteln, bis der Teig zu einem dünnen Fladen wird. Im Backofen bei 210–220° C (Ober- und Unterhitze) etwa 30 Minuten backen. Tipp: Man kann die Teigstücke auch länger ruhen lassen, dann muss man sie weniger lange schütteln.

Rezept: *www.suedtirolerspezialitaeten.com*

Schwarzplentener Riebl

Für 4 Personen: 200 g grobes schwarzplentenes Mehl (Buchweizenmehl)| 1 TL Backpulver | ½ l Milch | 2 Eier | 1 Prise Salz | Butter zum Herausbacken | Staubzucker | Preiselbeermarmelade | 200 g Apfelspalten (in Weißwein leicht andünsten zum Garnieren)

Den Schwarzplent mit Backpulver vermischen, Milch einrühren und 20 Minuten rasten lassen. Die Eier und das Salz unterheben. In einer Pfanne die Butter schmelzen, Teig einlaufen lassen und anbacken. Wenden und in kleine Stücke reißen. Den *Riebl* beim Rösten immer wieder zerstechen, bis lauter kleine Stückchen entstehen. Auf einem Teller anrichten, mit Staubzucker bestreuen und mit Preiselbeermarmelade sowie den Apfelspalten garnieren.

Rezept: Sepp Mair, Mahdalm, Hirzer Hochplateau

Speckknödel

Für 4 Personen: 350 g altbackenes Weißbrot | 170 g geschmorte Zwiebeln | 20 g Schnittlauch, fein geschnitten | 10 g Petersilie, fein gehackt | 10 g Salz | 50 g Milch | 3 Eier | 150 g Speck, in kleine Würfel geschnitten

Das altbackene Weißbrot in Würfel schneiden, Das Knödelbrot mit Speck, Zwiebeln, Schnittlauch, Petersilie, Salz, Milch und Eiern gut

vermischen. Nicht zerdrücken, sonst bekommt man eine matschige Masse. Knödelmasse 1 Stunde ruhen lassen, dann Knödel formen und in leicht kochendem Salzwasser etwa 15 Minuten kochen.
Tipp: Möglichst nicht gekauftes Knödelbrot verwenden, weil dieses Brösel enthält, die sich wie Mehl verhalten und die Knödel hart werden lassen. Außerdem besteht es meist aus verschieden altem Brot, das eine unterschiedliche Feuchte hat.

Rezept: Sternekoch Herbert Hintner vom Restaurant zur Rose, *www.zur-rose.com*, in Eppan

Stockfischgröstl nach Bozner Art

Für 4 Personen: 600 g Stockfisch (gewässert und ohne Gräten) | 500 g Kartoffeln | 4 EL Sonnenblumenöl | Salz | Pfeffer | für den Krautsalat: 500 g Weißkraut | 50 g Speck, in feinen Streifen | ca. 8 EL Sonnenblumenöl | 4–6 EL Weißweinessig | 1 EL Schnittlauch, klein geschnitten | 1 Zwiebel | 8 EL Olivenöl | Salz | Pfeffer | 1 Lorbeerblatt | 250 g Sahne | 2 EL gehackte Petersilie

Den Stockfisch waschen, in ein Tuch einbinden und in reichlich Wasser ungefähr 1 Stunde kochen lassen. Herausnehmen und die Haut entfernen.
Die Kartoffeln mit Schale in Salzwasser weich kochen (ca. 40 Minuten), abseihen und erkalten lassen. Anschließend schälen, in Scheiben schneiden und in heißem Sonnenblumenöl goldgelb braten. Mit Salz und Pfeffer würzen.
Inzwischen das Weißkraut in dünne Streifen schneiden. Die Speckstreifen in Sonnenblumenöl leicht anziehen lassen, mit Essig ablöschen und zum Weißkraut geben. Alles gut vermengen und mit

Schnittlauch bestreuen. Zwiebel in feine Streifen schneiden, in Olivenöl goldgelb werden lassen, den Stockfisch dazugeben. Mit Salz und Pfeffer würzen, das Lorbeerblatt zufügen und kurz mitdünsten. Mit Sahne aufgießen. Die Kartoffeln dazugeben und 2–3 Minuten mitkochen. Mit gehackter Petersilie bestreuen.
Das Stockfischgröstl mit dem Krautsalat servieren.

Aus: Anneliese Kompatscher/Tobias Schmalzl: Südtirols Küche – raffiniert einfach. Bozen/Wien: Folio Verlag 2010

Strauben

Für 6 Personen: 4 Eier | 1 Pkg. Backpulver | 350 g Mehl | ½ l Milch | 1 unbehandelte Zitrone, Schale abgerieben | 1 EL Zucker | 1 EL Obstler | Salz | Öl oder Schweineschmalz | Staubzucker

Eier trennen. Backpulver und Mehl vermischen. Zusammen mit Eigelb, Milch, Zitronenschale, Zucker, Obstler und Salz zu einem Teig verrühren. Eiweiß steif schlagen und vorsichtig unter die Masse heben. Öl in einer Pfanne erhitzen, Teig in einen Trichter füllen und, in der Pfannenmitte beginnend, spiralförmig ins heiße Öl laufen lassen. Strauben im Öl schwimmend auf beiden Seiten goldgelb backen. Auf Küchenpapier abtropfen lassen und mit Staubzucker bestreut servieren.

Aus: Frieder Blickle/Isolde von Mersi: Schneemilch & Pressknödel. Südtiroler Bäuerinnen und ihre Rezepte. Bozen/Wien: Folio Verlag 2015 – Rezept von Anna Moosmair, Niederstein in St. Leonhard in Passeier

Teldra Schwuaßnudl

Für 4 Personen: 100 g Roggenmehl | 200 g Weizenmehl | Salz | 1 Ei | 100 ml Schweineblut (bei einem Metzger, der noch selber schlachtet, erhältlich) | 100 g Butter | 150 g Ahrntaler Graukäse | Schnittlauch

Roggenmehl, Weizenmehl, Salz, Ei und das abgeseihte Blut gut miteinander verkneten. Den Teig ruhen lassen. Mit der Nudelmaschine oder dem Nudelholz dünn ausrollen und zu schmalen Streifen schneiden. In reichlich siedendem Salzwasser kochen, in Butter schwenken und auf dem Teller mit viel Ahrntaler Graukäse bestreuen, mit brauner Butter abschmelzen und mit frischem Schnittlauch bestreuen.

Rezept: Brigitte Kirchler, Gasthof Schönberg in Weißenbach

Tirtlan

Für 6 Personen: für den Teig: 500 g Mehl | 1 Ei | ⅛ l Milch | 1 EL Butter | 15 g Salz | für die Füllung: 150 g Spinat, blanchiert | 1 EL Öl oder Butter | ½ Zwiebel, in feine Würfel geschnitten | Salz | Pfeffer aus der Mühle | 150 g Topfen | weiters: Öl

Teig: Mehl, Ei, Milch, Butter und Salz in einer Schüssel gut verrühren und anschließend auf einer Arbeitsfläche zu einem geschmeidigen Teig verkneten.
Füllung: Blanchierten Spinat fein hacken, Öl erhitzen und Spinat darin mit Zwiebelwürfeln anschwitzen. Mit Salz und Pfeffer würzen. In eine Schüssel geben und gut mit dem Topfen vermischen.
Fertigstellung: Teig dritteln. Jedes Drittel zu einer dünnen Rolle formen und walnussgroße Stücke abschneiden. Jedes Stück mit dem Nudelholz zu einem dünnen Kreis (ungefähr 15 cm Ø) ausrollen. Auf die Hälfte der Kreise 1 Esslöffel Spinatfüllung geben, leicht verstreichen (aber nicht ganz bis zum Rand). Einen zweiten Kreis darauflegen und die Ränder fest andrücken. Im heißen Öl schwimmend auf beiden Seiten goldbraun backen. Herausnehmen und auf Küchenpapier abtropfen lassen.

Aus: Frieder Blickle/Isolde von Mersi: Schneemilch & Pressknödel. Südtiroler Bäuerinnen und ihre Rezepte. Bozen/Wien: Folio Verlag 2015 – Rezept von Erica Clement Pitscheider, Sotciastel in Abtei

Vinschger Paarl

Für 10 Paarln: Vorteig: 5 g Hefe | 250 ml Wasser, 30° C | 220 g Roggenmehl | Teig: 500 g Roggenmehl | 280 g Weizenmehl | 900 ml Wasser, 30° C | 20 g Hefe | 20 g Salz | 10 g Fenchelsamen | 5 g Kümmel | evtl. 10 g Zigeunerkraut/Brotklee

Für den Vorteig die Hefe in Wasser (ca. 30° C) auflösen und mit Roggenmehl sorgfältig vermischen, anschließend ungefähr 5 Minuten kräftig durchkneten und 1 Stunde zugedeckt bei 30° C ruhen lassen. Den Vorteig mit den restlichen Zutaten zu einem weichen Teig verkneten, mit etwas Roggenmehl bestäuben und 10–15 Minuten zugedeckt ruhen lassen. Aus dem Teig etwa 80–100 g schwere Kugeln formen, als Paar oder auch einzeln auf ein mit Backpapier belegtes Blech legen und weitere 30–45 Minuten ruhen lassen.
Im Backofen bei 220° C (Ober- und Unterhitze) ungefähr 25 Minuten backen.

Rezept: *www.suedtirolerspezialitaeten.com*

Vinschger Schneemilch

Für 4 Personen: 200 g Vollkornbrot, in Würfel geschnitten | 3 EL Walnüsse, gehackt | 3 EL Sultaninen | 100 ml Milch | 1 EL Rum | 500 ml Sahne | 2 EL Akazienhonig | 1 Msp. Vanilleschote, gemahlen | 3 EL Bitterschokolade, gerieben

Brot mit Nüssen, Sultaninen, Milch und Rum mischen und in eine flache Schüssel geben. Sahne mit Honig und Vanille steif schlagen und gleichmäßig auf dem Brot verteilen. Mit geriebener Bitterschokolade bestreuen und 1 Stunde im Kühlschrank ziehen lassen. In der Schüssel servieren.

Aus: Frieder Blickle/Isolde von Mersi: Schneemilch & Pressknödel. Südtiroler Bäuerinnen und ihre Rezepte. Bozen/Wien: Folio Verlag 2015 – Rezept von Sonja Sagmeister in Schlinig

Zelten

Für ca. 8 Laibe (à 500 g): 1 kg getrocknete Feigen | ½ l Rotwein | 150 g Zucker | 10 Nelken | ½ Zimtstange | 250 g Walnüsse | 250 g Sultaninen | 250 g Orangeat und Zitronat, klein gewürfelt | 120 g ganze Mandeln, geschält | 150 g Pignoli (Pinienkerne) | 4 EL Rum | 1 kg Brotteig (vom Bäcker, bestehend aus Roggen- und Weizenmehl) | zum Garnieren: 16 Walnusshälften | 32 Mandeln, geschält | 24 kandierte Kirschen | 100 g Wasser | 100 g Zucker | 1 Tasse Espresso

Die Feigen in Streifen schneiden. Rotwein mit Zucker, Nelken und Zimtstange aufkochen, durch ein Sieb gießen und die Feigen in der Flüssigkeit über Nacht ziehen lassen. Am nächsten Tag die restlichen Zutaten mit den Feigen vermischen und mit dem Brotteig verkneten. Aus dem Zeltenteig kleine Laibe formen. Auf Backpapier legen und mit Nüssen und Mandeln dekorieren. Im Backofen bei 180° C ca. 30 Minuten backen. Herausnehmen und mit den kandierten Kirschen garnieren. Wasser und Zucker aufkochen, den Espresso einrühren und damit die Zelten bepinseln. Vollständig auskühlen lassen und in Frischhaltefolie verpacken. Der Zelten hält sich etwa 2 Monate.

Aus: Anneliese Kompatscher/Tobias Schmalzl: Südtirols Küche – raffiniert einfach. Bozen/Wien: Folio Verlag 2010

Quellen

Hans Fink: Südtiroler Küche. Tisch und Teller. Bozen: Athesia 1980

Franz Maier-Bruck: Vom Essen auf dem Lande. Wien: Kremayr & Scheriau 1981

Massimo Montanari: Der Hunger und der Überfluss. Kulturgeschichte der Ernährung in Europa. München: C. H. Beck 1993

Buchtipps zum Thema

Frieder Blickle/Isolde von Mersi: Schneemilch & Pressknödel. Südtiroler Bäuerinnen und ihre Rezepte. Bozen/Wien: Folio Verlag 2015

Herbert Hintner: Meine neue Südtiroler Küche. Bozen/Wien: Folio Verlag 2013

Anneliese Kompatscher/Tobias Schmalzl: Südtirols Küche – raffiniert einfach. Bozen/Wien: Folio Verlag 2010

Anna Matscher: Schnittlauch statt Petersilie. Lust auf Kochen mit Südtirols Sterneköchin. Wien/Bozen: Folio Verlag 2017

Oswald Stimpfl: Ausflugsgasthöfe in Südtirol. Mit Wandervorschlägen und Kulturtipps. Bozen/Wien: Folio Verlag 2015

Oswald Stimpfl: Törggelen in Südtirol. Typische Buschenschänken und Bauerngasthäuser. Bozen/Wien: Folio Verlag 2017

Christoph Tscholl/Angelika Deutsch: Wein erleben in Südtirol. Ausgewählte Weingüter und Kellereien. Bozen/Wien: Folio Verlag 2015

Manfred Ziernheld: Die Palabirne. Ein Lese- und Kochbuch. Wien/Bozen: Folio Verlag 2015

Bildnachweis

Athesia-Tappeiner (Foto: Alex Filz): S. 72

Frieder Blickle: Cover, S. 10, 14, 18, 22, 32, 34, 42, 46, 48, 56, 58, 62, 66, 74, 82, 88, 98, 101, 102, 104, 107, 111, 113, 115, 118

Eschgfäller (Foto: Robert Gruber): S. 54

Fotoarchiv Erika Groth-Schmachtenberger, Südtiroler Landesmuseum für Volkskunde (Nr. 002080 und 002455): S. 8, 48

Furchetta: S. 84

Gasthof Schönberg: S. 70

IDM Südtirol (Foto: Florian Andergassen): S. 92; (Foto: Frieder Blickle): S. 12, 78, 86, 105, 114; (Foto: Alex Filz): S. 30, 96; (Foto: Marion Lafogler): S. 26; (Foto: Achim Meurer): S. 50

Kovieh (Foto: Othmar Seehauser): S. 24

Loacker (Foto: Klaus Peterlin): S. 90

Metzgerei Villgrater (Foto: Martin Schinharl): S. 28

Ollerhond Selbergmochts (Foto: Florian Berger): S. 80

Michael Schinharl: S. 44

Schnalser Bäuerinnen (Foto: Rita Nischler): S. 60

Südtiroler Bauernbund/Roter Hahn (Foto: Frieder Blickle): S. 20, 38

Suedtirolfoto.com (Foto: Udo Bernhart): S. 16; (Foto: Anneliese Kompatscher): S. 36, 76; (Foto: Helmuth Rier): S. 68

Tourismusverein Schnals (Foto: Katerina Fiser): S. 64; (Foto: Helmuth Rier): S. 109

Schreckensteinkeller
Regionale Herbstküche
unter der Regie von Herbert Hintner
Ansitz Schreckenstein
Unterrainer Straße 24 · St. Pauls · Tel. 0471 665456
Geöffnet: September–Weihnachten

Die Autorin

Marlene Lobis, geb. 1986, stammt aus einem bäuerlichen Betrieb mit Hofkäserei am Ritten, studierte Publizistik und Kommunikationswissenschaft und verfasst heute in ihrer eigenen Agentur „la contenta“ Geschichten über Menschen, Produkte und ihre Landschaften, www.la-contenta.com.

← Früher wurde auf den Bauernhöfen Brot nur etwa zweimal im Jahr gebacken und dann in einer *Hurt* (Brotrahmen) auf dem Dachboden getrocknet. Zum Verzehr zerkleinerte man es mundgerecht in der *Broatgråmmel*.